中山 元

わたしたちはなぜ笑うのか

笑いの哲学史

新曜社

わたしたちはなぜ笑うのか——笑いの哲学史　＊目次

装幀――加藤光太郎

序論　三種類の笑い

わたしたちはよく笑う。あまり笑わない人もいるかもしれないが、心の中でひそかに笑うときもあることを考えてみれば、誰もが笑わずにはいられないものだと思う。それではわたしたちはなぜ、どんなときに笑うのだろうか。そして笑うことは、わたしたちにどんな効果をもたらすのだろうか。この本では哲学と文学の歴史を遡りながら、笑いについて哲学的に考えてみたい。

まずふつうに「笑う」という動作にも、いくつかの違いがあることを考えておこう。動作として口を動かし、多くの場合、声を出して笑うのが、もっとも普通の「笑う」という行為だろう。おかしなことを見聞きしたとき、嬉しいときなどには、わたしたちはこのように「笑う」だろう。これは「おかしみの笑い」と名づけておこう。

これにたいして頬の筋肉を動かすだけで、声を出さずに「笑う」ことも多い。それは「ほほ笑み」とか「微笑」と呼ばれる。これは楽しい気分になっているときや、他人に挨拶するときなどに、相手に敵意のないことを示すために行なわれることが多い。他人に向けたこうした笑いは、「社会的な笑い」と呼べるだろう。

それから動作にまったくださずに、心の中で笑うことがある。自分の愚かさ加減を笑うとか、他者の愚行を笑う場合だ。この場合には、動作にだすのが好ましくないために、笑いの動作が抑制されることが多い。他者の愚行を笑う場合などには、その他者と別れて、自分の部屋に戻ったときに、腹を抱えて笑い直すこともあるだろう。あるいは、遠慮せずに他人の面前であざ笑うような笑いを浮かべることもあるだろう。この笑いは、自己や他者にたいする批判的なまなざしから生まれた笑いであることが多い。こうした笑いは「批判的な笑い」と名づけておこう。どれも笑いでありながら、その意味と機能にははっきりとした違いがある。本書ではこれらの笑いの分類を手がかりに、笑いの思想史の旅にでることにしよう。

社会的な笑いの原型としての新生児微笑

これらの三種類の笑いは、わたしたち人間の生き方と分かちがたいものとして、わたしたちが個人として誕生としたときから、そして人類が類としての人間として誕生したときから、原初的な笑いとしてずっとつづけられてきた。この序論では、こうした原初的なこれらの笑いについて考察してみよう。

これらの笑いのうちで、もっとも原初的な性格をもつのは「社会的な笑い」ではないだろうか。生まれたばかりの赤ん坊のことを考えてみよう。他者に向けたもっとも原初的な笑いとして、新生児が満ち足りたときなどにみせるごく自然な微笑がある。新生児は安らかに過ごしてきた母胎から、この苦しみに満ちた世界に産み落とされたときには大声で泣きわめくが、その後では、満ち足りるとほほ笑むようになる。これは誰かに向けて行なわれるというよりも、自然発生的なものらしい。寝ているときにも周期的にほほ笑むからだ。これは「新生児微笑」と呼ばれる。

この微笑を向けられた者はほぼ抵抗できず、赤子に向かってほほ笑み返すことになる。ほほ笑む赤子と、その赤子をほほ笑みながら眺めている母親は、完全に親密で、自足した世界を築いているようにみえる。ほかに何ものも不要な二人だけで閉じた世界であり、幸福な世界である。

この微笑は、他者にたいして悪意のないことを示すだけでなく、他者からの好意を獲得するという大切な機能を果たしている。寄る辺なき存在である赤子は、ただ他者の善意によって保護されなければ生き延びることができないのであり、赤子はいわばこの微笑の力だけで生き延びるのだと言ってもよいだろう。この笑いには人々に訴えかけるこれほどの強い力があるのだ。

生まれてから一か月ほど経つと、赤子は親しい他者の顔に向けてほほ笑むようになる。他者の顔が人間の顔として認識されたということである。この段階からはこの微笑は「社会的微笑」と呼ばれることになる。相手に悪意のないことを示すとともに、相手を好意をもってうけいれていることを示す笑いである。この笑いは赤子だけに限らず、わたしたちが生涯にわたってつづける笑いである。人によってあまりほほ笑まないこともあるだろうが、知らない相手にたいして悪意をいだいていないことを示す笑顔は、大切な社会的な機能を果たしている。知らない相手にたいするこの微笑が、笑いの零度だろう。

おかしみの笑いと性的な要素

このように笑いは、社会的な絆を作りだす重要な役割を果たしている。ごく古代の時代から、宴会などは笑いの場として、社会的な機能を果たしていた。『古事記』にも、宴会の場での笑いの記述がある。スサノオがいたずらをして機織りをしている天照大神《あまてらすおおみかみ》を驚かせたので、大神は天の岩屋戸に隠れてしまう。困惑した神々は、岩屋戸の前で宴会をする。そしてある神が「神懸かりして、胸乳《むなち》をかき出《い》で、裳緒《もひも》を陰《ほと》に押し垂れ(1)」て踊った。すると「高天の原動《とよ》みて、八百万の神共《とも》に咲《わら》いき(2)」とされている。

なぜ笑っているかのと好奇心を抱いた天照が岩屋戸を開いたのを機会に、天照は外に引きだされてしまう。このダンスが性的な意味をもっていたのは明らかである。ちょっと滑稽で卑猥なものが、「おかしみの笑い」を呼びだす重要なきっかけであり、セックスと笑いは古代から緊密に結びついている。仲間と一緒に笑うことは、仲間の人々と同じ気持ちでいることを示すもので象徴的な役割を果たしているのである。社会的な絆を作りだし、笑いを醸しだすためにも、おかしみの笑いは重要なのである。

考えてみれば、人間は生まれたときからすでに社会的な生き物だ。生まれた日から自分の力で立ち上がって、自分で母親のところに乳を飲みにいく子馬とは違って、人間の赤子は一年近くも立ち上がることもできず、他人に養育してもらわなければならない。他人に世話をしてもらうためには、他人に愛されなければならない。赤子の微笑はそのために重要な手段となっている。

それだけではない。わたしたちは成長した後では母親と父親の庇護を離れて、集団のなかで暮らしていかなければならない。自分の力で、自分の愛する人をみつけ、自分の家庭を築かなければならない。そのためには他者に受け入れられ、他者から愛されなければならない。社会のうちで生きていくためには、学校や会社などの集団のうちに受け入れられ、そこで暮らしていかなければならない。そのためには笑いという社交の手段が重要な意味をもってくる。

他者に敵意がないことを示すだけではなく、その集団の一員であることを示すためには、他者とともに笑うという行為が求められることが多いのだ。集団の人々が笑っているときには、一緒に笑うことが、その集団の一員であることの証しとされることが多い。笑うことが、その集団のなかで生き延びるために重要な手段となるのだ。そうなると、笑いは集団からの圧力として働くことになるだろう。集団の人々は自分たちと一緒に笑わない個人に、警戒心を抱くことになるだろう。

そうこうして、笑いはある種の強制となってくる。おかしみのないときにも、顔に貼りついた仮面のように、笑顔を作っていることが必要となることも多いだろう。その笑いはもはや「おかしみの笑い」としての性格を喪失して、たんなる社交の手段に成り下がっている。わたしたちはおかしくもないのに、つきあいだけの笑いをすることがあまりに多くはないだろうか。その笑いは追従《ついしょう》笑いになっていないだろうか。

批判的な笑いと古代の喜劇

笑いの第三の種類である「批判的な笑い」は、古代のギリシアの喜劇とともに始まる。笑いの思想史の本格的な端緒は古代ギリシアに遡る。

笑いにこのようなゆがんだ性質があるとしても、笑いにはこうしたゆがみをはねのけるような隠れた力がある。それが「批判的な笑い」のもつ力である。この笑いは、笑いを強制してくるような集団の暗黙の力に抗して、こうした力をはねのけてしまう。そして集団がその成員に向ける抑圧的な力を転倒し、その集団の指導者に鋭い批判的な笑いを浴びせかけるのだ。

この笑いはその集団の内部から、指導者を批判する働きをする。こうした「批判的な笑い」が古代ギリシアの喜劇に遡るものであることについては、第一章で詳しく考察することにしよう。いずれ考察する中世のカーニヴァルの場合のように、集団の秩序を転覆する笑いが習慣として容認されたものである場合には、その集団が個人にたいして与える圧力を弱める働きをするだろうし、それがその集団のもつ活力を回復することになるだろう。

ところがこの批判的な笑いは一転して方向を逆転させることがある。中世のシャリヴァリの風習の場合のように、その笑いが集団の伝統的な習慣に従わなかった特定の個人に向けられるときには、その笑いは集団の秩序に反する個人に反省を促し、集団の規律と伝統を強める働きをすることになるだろう。そうした笑いは、笑いが向けられた個人には強い毒として働くことになるだろう。この笑いは特定の個人を集団から排除する働きをしかねないのである。

現代の集団においても、集団的な笑いだけで特定の個人を苦しめることができる。笑いというものは、笑われた個人の自尊心を強く傷つけるものであり、面前での直接的な侮辱よりも強い毒を発揮しかねないものなのである。笑われた当人にとっては、とても「笑いごと」ではないのである。

これらの三つの種類の笑いには、どれも重要な働きがある。いずれにしても笑いはわたしたちが社会で生きるうちで感じざるをえない苦しさから解放してくれる重要な手段となりうる。最後の章で紹介したように、笑いはわたしたちの苦境のうちにあって、なお生き延びるための最後の手がかりにもなりうるものである。

わたしたちは今、口を覆うマスクの布切れによって笑いの表情を隠さなければならない生活を強いられている。しかしこのような時期にあってこそ、笑いの真の力が発揮されるべきだろう。心から笑いつづけるかぎり、わたしたちはしっかりと生き延びることができるだろう。それだけに何よりもマスクの下でもほほ笑みを忘れないようにしよう。

第一章　喜劇の誕生と古代における笑い

第一節　滑稽さ、社会的な絆、批判性

ファリカ

『古事記』の笑いと同じように、古代ギリシアの喜劇は、「社会的な笑い」を作りだすために、「おかしみの笑い」を活用することで生まれた。そのために活用されたのが、性的なくすぐりによって作りだされる笑いと、権力者にたいする「批判的な笑い」だった。古代ギリシアの笑いはすでに笑いの三つの働きを十分に発揮していたのである。前五世紀のアッティカの古喜劇の誕生について、アリストテレスは「喜劇はいまも多くのポリスに風習として残っているファロス賛歌の音頭取り《ファリカ》から生まれた[1]」と伝えている。ファリカとは「巨大な男根《ファロス》の像を山車《だし》に乗せて、ディオニューソスの従者サテュロスに扮装した男たちが掛け声を

かけて練り歩きながら、このファロスを称える歌[2]」である。

　ディオニューソスはギリシアにワインを伝えたとされる神であり、その従者のサテュロスは巨大なファロスを勃起させた状態で描かれる半人半獣の精霊であるから、この行列が酩酊と性的な行為を象徴するものなのは明らかである。このファリカから生まれた喜劇は、性的な暗喩やしぐさをもりこんで、人々の笑いを集めた。古代の喜劇の俳優たちは、革製の大きなファロスを身につけていることが多かったのである。

　そしてアテナイではディオニューソス祭礼の際に、悲劇と喜劇を国家の行事として上演することになっていた。悲劇でポリスの政治や人間の情熱の劇を観賞しながらも、同時に「おかしみの笑い」を爆発させる喜劇で楽しむことを忘れなかったアテナイ人はさすがである。

喜劇と社会性

アリストテレスは喜劇の誕生について、もう一つ重要なことを証言している。喜劇は民主政と深い結びつきがあるのである。「ギリシア本土のメガラにいるドーリス人は、喜劇が彼らのもとに成立したのは民主政治がそこに確立された時であったと主張する[3]」とアリストテレスは証言している。ともに笑うという行為によって、人々のうちにある種の平等が成立するのである。古代の神話的な宴会で、「八百万の神、共《とも》に咲《わら》いき」の瞬間には、どんな神も平等なのだ。この笑いのうちで人々の社会的な絆が強められる。

アテナイで喜劇が本格的に催されるようになったのが、ペルシア戦争後だったのも象徴的である。最初は悲劇が演じられた後に、滑稽な動作を伴うサテュロス劇が演じられた。日本の能と狂言と同じパターンである。「英雄の破滅とその哀悼を描く悲劇にたいして、サテュロス劇は同じ神話伝説を扱いながら、英雄たちの滑稽なおどけを描くことによって、悲劇の持つ重苦しさからの解放を与える(4)」のだった。

しかし平民たちが重装歩兵として参加してペルシア軍を撃退し、アテナイの政治においても重要な役割をはたすようになると、サテュロス劇とは違う質の笑いが求められるようになったらしい。「市民一人ひとりが参加できるより身近な笑いの世界を演劇に仕立てあげた(5)」喜劇が求められたのである。この喜劇では、同時に、その時代の有名人物が徹底的に笑いものにされ、滑稽に扱われた。「社会的な笑い」に、その社会の有名人を笑いの種とすることで、平等を求める気持ちが表現される。これが笑いの第二の種類としての「批判的な笑い」の根源となる。このようにしてこの時代の喜劇において、第一の種類の滑稽とおかしみの笑い、第二の種類の社会的な笑い、そして一番最後に生まれた第三の種類の批判的な笑いの三種類の笑いが統合されるようになったのである。古代のアテナイの喜劇において、基本的な笑いのすべての類型がすでに形成されていたというのは、すごいことではないだろうか。

喜劇の機能

アテナイ随一の喜劇作者アリストファネスの作品をみると、アテナイの著名な政治家のクレオンやアルキビアデスをはじめとして、名の知られた政治家で嘲笑されなかった人物は少ないほどだ。高みに浮かんで天空と雲を観察しているソクラテスが描かれた『雲』も有名である。この劇ではソクラテスは、ギリシア神話の主神である「ゼウスなどというものはいないのだ(6)」と断言し、弟子たちには「どんな正論にも反論できる(7)」術を教えることになっている。この喜劇ではソクラテスはその本来の姿においてではなく、無神論的な思想を抱き、どんなことについても自分の主張を貫き通すための弁論の技術を切り売りした当時のソフィストの一人として、嘲笑の的とされたのである。

このようにその時代の有力者や有名人物が徹底的に揶揄《やゆ》され、嘲笑される一方で、いたるところで卑猥な騒ぎと笑いがまきおこる。古代の喜劇作品は掛け言葉が多くて、古代ギリシア語を理解していなければ、現代の読者にはほとんど理解できないし、ほんとうの意味で笑うことは難しいが、ターゲットとされた人物への揶揄は、分かりやすい。権力者のクレオンも哲学者のソクラテスも、ただの奇癖の持ち主として貶められる。この喜劇の機能は、有力者から権力や名声をはぎとって、裸の一人の人物として描くことにあるだろう。だから古代の喜劇の笑いは「裸にする笑い」と呼べるだろう。役者たちがファロスを身につけているのは、自分を含めたすべての人を裸にして、笑いのめすことを象徴するためである。

喜劇での嘲笑があまりに激烈だったので、これを禁止しようと試みられたこともあったが、成功しなかった。古代のアテナイの市民には、三つの重要な自由の原理が認められていた。すべての市民は法の前に平等で自由であり（イソノミア）、民会でポリスのためになることを発言する自由があり（イセーゴリア）、自分が正しいと思うことを自由に発言することが認められていた（パレーシア）。喜劇で政治家を笑いのめすのは、パレーシア的な自由の権利の行使だったのである。これらは民主政治の自由な原理だったのであり、喜劇はその自由な笑いの力によって、市民の個性を認め、人々の平等な地位を再確認し、市民に生きる喜びを与えたのである。

アリストファネスの喜劇は、「鋭い政治観察と抱腹絶倒の笑いとを調和させ、権威を引きずり落とし、虐げられた人々に自信を与えた[8]」のだった。「一見して目立つ滑稽さ、猥雑さの奥底に、喜劇は鋭い社会批判を秘め、パロディーや諧謔を満載した[9]」喜劇こそは、いかにもギリシア人にふさわしい演劇だった。

ギリシア喜劇の手法

それではギリシア喜劇は、具体的にはどのような手法で観客の笑いをとろうとしたのだろうか。古代ギリシア喜劇の真髄はすでに指摘した批判性であり、風刺性である。市民であれば誰もが知っている著名な指導者であるクレオンを批判する際には、その氏素性《うじすじょう》についてのくすぐり、貪欲さなどの悪癖、身体的な特徴などを手がかりとして、権力者としてのクレオンが徹底的に嘲笑される。観客には馴染みの人物についてのほのめかしであるため、誰にもすぐに分かるようになっている。たとえばクレオンのことを「食いしん坊で何にでも見境なしに飛びつく鯨さ。そうおれには思われた。そいつは火傷をした豚のような声をしているのさ(10)」と評するときなどである。

権力者の嘲笑という手法について好まれた手法は、スカトロジーである。笑いによる社会的な絆を作りだすには、セックスと同じようにわたしたちが生きていくためにはどうしても排出せざるをえない排泄物をもちだすことが、人々を笑いの渦に巻き込む手段として有効だった。喜劇『蛙』の冒頭でアリストファネスは、最近の喜劇であまりに使われるので使うべきではない実例として、「天秤棒をかつぎながら〈うんこがしたい〉はいかん(11)」と戒めている。そして「こんな重い荷をかついでいながら、誰か助けてくれなきゃあ、一発放つぜ(12)」もいけないという。

それでいて、この喜劇的な人物はプルトンの門を叩いて門番に脅かされると、怯えて脱糞してしまう。そして同伴者に心臓に海綿を当ててくれと頼んで、海綿を渡されると、尻の穴に当てたものだから、同伴者から「わあ、黄金色の神さま！　あなたの心臓はそこにあるんですかい[13]」と言われてしまう。「いかん」と言った端からスカトロジーに走っているのである。

食事、性的な行為、脱糞や放屁など、人間の下半身にまつわる行為を笑うのは、人のつねらしい。たんにそうした行為を口にすれば笑ってもらえるというだけでなく、そこで掛け言葉が多用される。そこにもっと深い笑いの工夫があるのだろう。だから第三の手法として、駄洒落、地口、掛け言葉の多用が挙げられるだろう。

たとえば『アカルナイの人々』では、人々が買物にやって来てごったがえしている市場で飢え死に寸前のメガラ人が、二人の幼い娘を袋に入れて、豚と称して売ろうとしている。買い手は売り物が豚ではなく、人間の女の子であることに気づいてびっくりするが、売り手は娘に「コイ、コイ」と豚の鳴き声をさせる。すると買い手は、「どうやら小豚らしうなった。五年も育てれば、立派な女陰と相成ろう[14]」と答える。ギリシアでは豚を意味するコイロスという言葉には、ヴァギナの意味もあったからである。

このほかに、滑稽な身振りや服装や話し方など、実際に演じられてみないと現代では分かりにくい笑いのとり方もたくさんあったことは間違いないだろう。こうした滑稽の手法はその後も長い伝統を作りだすことになる。ギリシアの喜劇は、観客から笑いをとってコンテストで優勝できるかどうかが重要な意味をもっていたので、とくにこれまで挙げたような手法が重視される傾向があった。後の喜劇では、人物の取り違えなど、さらに複雑な笑いの手法を導入して、笑いの質を高めてゆくことになるだろう。

第二節　アイロニーとしての笑い

ソクラテスの対話方法

このギリシアの笑劇の伝統を継いでいるようにみえるのが、ソクラテスの対話劇である。ソクラテスの初期の対話篇では、主に二人の人物が登場して対話を交わす。この対話の基本的な方法はソクラテスが相手に、自分は知らないふりをして尋ねることにある。

たとえば『エウテュプロン』では、エウテュプロンは告訴されていたソクラテスと、ポリスの裁判所のあるバシレウスの役所のところで出会い、そこで「敬虔とは何か」というテーマで対話を始める。この始まり方は、どこか掛け合い漫才に似ている。ソクラテスはエウテュプロンに、誰かを訴えているのか、それとも誰かに訴えられているのかと尋ねると、エウテュプロンは「訴えているのです」と答える。誰を訴えているのかと尋ねると、「その人を訴えているので、またしてもわたしは気違いだと思われている人です」と答える。すかさずソクラテスは蝶のような「何か飛ぶものでも訴えたのかね[15]」と尋ねる。

どっと笑いがこぼれるところだろう。ソクラテスが始める問答は、哲学問答というよりも、ユーモラスな漫才のようである。この掛け合いのうちで、エウテュプロンが自分の父親を不敬虔のかどで訴えていることが分かると、ソクラテスは無知を装って、「敬虔なこと」とは、どのようなことなのかと尋ねる。エウテュプロンは「神々にとって好ましいものが敬虔なもので、好ましくないものが不敬虔なものです」と答える[16]。そこでソクラテスはこの答えを、ゆっくりと吟味してゆくのである。

この吟味においてソクラテスは、相手の答えの不十分さを次々に暴いてゆく。エウテュプロンは、父親を訴えるくらいだから、「敬虔と不敬虔」についてはよく分かっていると信じ込んでいた。しかしソクラテスの問いかけと反論にあうと、そんな信念はすぐに消えてしまう。そして自分の無知に気づかされるのである。そのようにして対話の相手は、それまでの自分の生き方や信念というものをみずから吟味することを強いられる。ソクラテスのアイロニーは、ギリシアの喜劇のうちでも民主政の時代になって初めて登場した笑いの要素、すなわち「批判的な笑い」の要素を明確な形で展開したものなのである。

ソクラテスのアイロニー

このソクラテスの掛け合い漫才に似た対話の方法から生まれたのがアイロニーという概念である。話す（エイレイン）という語から、質問者（エイローン）という語が生まれ、この語から派生語として「無知を装って質問する」（エイローネウエスタイ）いう語が作られた。この奇妙な動詞の名詞形がエイロネイアで、これがアイロニーの語源である。ソクラテスは「無知を装って質問する」ふりをしながら、相手の無知を暴いていく。

これが笑いを生むこともあるが、それは苦い笑いである。対話の相手になった人々の無知が暴かれるからであり、ソクラテスは対話で相手をしびれさせて、返答できなくするというので、「しびれえい」という渾名がついたくらいである。

ソクラテスが死刑になった背景には、有力者たちにこうした苦い思いを味わわせたことがあるのではないかと考えられている。たとえば『国家』や『プロタゴラス』では、高名なソフィストたちに問答をしかけて、その無知を暴いている。高名なソフィストたちは、その場に居合わせて対話に耳を傾けていた人々からの嘲笑を覚悟しなければならないのである。

このソクラテス的なアイロニーは、アテナイの権力者たちの権威を失墜させ、アテナイに大きな混乱を招いたのだった。ソクラテスが告訴された理由は、「ソクラテスは地下のことや天上のことを探求し、また負けめの言論を勝ちめの言論とし、かつその同じことを他の人々に教えた点で罪がある」[17]というものだったが、これらのすべての告訴理由は、既存の権威の失墜にかかわる。「ソクラテス、このダイモン的な人間こそ、市民を錯乱させ、対話法と鋭い観念とで市民を酔わせる」[18]のである。このアイロニーという笑いは、毒をもっている。

アイロニーの笑い

その後、アイロニーという概念は、西洋の重要な笑いの概念として確立されていった。アイロニーには、次の三つの重要な特徴があるだろう。第一は、その状況を見通す鋭いまなざしが存在していることである。「歴史のアイロニー」という言葉があるが、これはその状況のただなかに生きている当事者が語れる言葉ではない。後の時代になってから、ああ、そうだったのかと分かる性質のものである。事後になって見通すことができるか、あるいは超越的な立場に立つことで見通すことができるのだ。

第二の特徴は、アイロニーの言葉は、肯定と否定の両義的な意味をもっていることである。AをAと語るところに、アイロニーはない。AであるのにAでないと言うとき、Aでないのに Aであるというとき、アイロニーが発生する。もしも君が何か愚かしいことを言ったりしたときに、友人から「君は賢いね」と言われたなら、その友人は毒のあるアイロニーの笑いを笑っているのだ。ここで「賢い」という形容詞は、褒め言葉ではなく、その反対のことを意味しているからだ。あるいはゲーテの『ファウスト』のメフィストフェレスのように、悪を目指していながら善をなしてしまうとき、そこにアイロニーの笑いが発生する。

たとえばシェイクスピアの『リチャード三世』では、リチャードはやっと手に入れた王座の土台をしっかりと固めるために、前王の娘を后にしたいと願い、リチャードによって夫を殺されたエリザベス元王妃に、リチャードの命令で二人の兄を殺されたばかりの娘をどう口説けばよいかと尋ねる。母親である元王妃は唖然とするが、こう答える。「あれの二人の兄を殺した男に、血のどくどくと流れる心臓二つ、あれの所へ持ってゆかせなさい。その心臓の上には、エドワードおよびヨークと刻みなさい。そうすればあれはおそらく泣くでしょう」[19]。娘を口説くために、どれほど自分が残酷なことをしてきたか、娘の兄弟たちまで殺してきたかを分からせてやれとエリザベスはリチャードに教える。リチャードは「冗談を言ってはいけません」とまっとうに応じる。しかし母親はこのリチャードの場違いな頼みにたいして、相手の求めに応じるようなふりをしながら、相手の諸悪を次々と列挙し、告発する。そこに苦いアイロニーの笑いが生まれる。

第三は、相手との間に距離感があることである。同情し、同調している相手に、アイロニーの言葉はあまり生まれない。笑われた相手が、その笑いをともに笑うこともない。アイロニーの笑いは、ひんやりとしている（ただしその読者や観客は、ひんやりと笑うよりも、哄笑することだろう)。アイロニカルな笑いは、皮肉な笑いでもあるからだ。

第三節　風刺としての笑い

ディオゲネスの対話

さて、背後に哄笑を響かせるソクラテス的な対話は、後期のプラトンの描くかなり真面目なソクラテスの対話、すなわち真実在としてのイデアを求める対話とはかなり異質なものである。後期プラトンのソクラテスはほとんど笑わない。しかしまだ人々に生きたソクラテスの記憶がまざまざと残っていた頃に執筆していた初期のプラトンが描くソクラテスは、対話に笑いをもちこむことを遠慮しなかった。この笑うソクラテスの伝統をついだのが、キュニコス派の哲学者の「樽」のディオゲネスだった。

ディオゲネスは住む家をもたず、市場《アゴラ》に暮らしながら市場《いちば》を訪れてきた人々と対話をしたが、この対話はソクラテスの対話とは異なり、もはや相手に自己の吟味を迫るような思考における対話ではなく、彼がみずから独演する劇としての対話である。

いくつもの有名な挿話がある。たとえば「ある人が彼を豪奢な邸宅に案内して、ここでは唾を吐かないようにと注意したら、彼は咳払いをひとつしてから、その人の顔面に痰を吐きかけて、もっと汚い場所がみつからなかったものだから、と言ったのだった」[20]。ここには豪奢な住宅を自慢するという行為のくだらなさへの軽蔑の姿勢が、一つの行為としてそのまま劇化されている。どんな言葉で表現するよりも、そのメッセージは強烈に伝わる。

また別の挿話では、「彼が公衆浴場から出てきたとき、人は多かったかねと訊いた者には、彼は〈いな〉と答えたが、混んでいたかねと訊いた者には、〈しかり〉と答えた」[21]。これは「彼は白昼にランプに火をともして、〈ぼくは人間を探しているのだ〉と言った」[22]というニーチェが好んだ逸話と同じテーマを語っている。公衆浴場にいる人々は、すなわちすべての市民は、ほんとうの生き方を忘れてしまって、人間の格好をしている者にすぎないというメッセージを、具体的な行動で、哄笑のうちに伝えるのである。

ただしソクラテスの哄笑の伝統を継ぎながらも、キュニコス派の笑いの戦略は、ソクラテス的なアイロニーとは明確に異なるものとなっている。彼らは市場《アゴラ》で暮らしながら、演劇的な身振りのうちに、人々の生き方のもつ矛盾を自分たちと相手の姿のうちにありありと描きだす。ソクラテスのアイロニーは、相手に自分は智恵者であるという誤った思い込みを気づかせ、自己の吟味を促すものだった。しかしキュニコス派ではもっと攻撃的に世間のあり方を風刺する傾向が強くなっている。

そもそもこの時代にはアイロニーよりも風刺《サタイヤ》が主流になっていた。『ブリタニカ百科事典』

によるとサタイヤは「個人の愚行、政治の欠陥、社会の罪悪などにたいする批判や攻撃を、機知に富んだ皮肉、あざけり、あてこすりなどの形で表現」することである。キュニコス派は、人々に嘲られるような振舞いをするが、その返す刀で嘲った人を嘲り返すのである。ごく内輪の対話のうちだけで展開されるものだったソクラテスのアイロニーはこの時代に、多くの人々の面前で演じられるサタイヤの劇として文学の世界にまで広まったのである。

第四節　ギリシア小説における笑い

メニッペア

このキュニコス派のサタイヤは、その後のギリシア小説によって、きわめて豊かな水流となって受け継がれた。この時代のギリシアとローマの小説における風刺を考察したバフチンにならって、この新しい笑いについて考察してみよう。バフチンはこうした風刺を「メニッポスの風刺（メニッペア）」と呼ぶ。

メニッポスは、ギリシアの紀元前三世紀頃のキュニコス派の風刺作家である。この時代について貴重な証言を残している伝記作家のディオゲネス・ラエルティオスによると、「彼の書物は、たくさんの人を笑わせるようなことで充ちて(23)」いるというが、たいした中身はなかったらしい。そもそもキュニコス派は人々の前で演じることを重んじる行動派なので、書き残した著作に何らかの「中身」とか「内容」とかを求めるのは無理があるのだ。残されているのは演劇のト書きのようなものにすぎない。

バフチンがこの時代の笑いをメニッペアと呼ぶのは、この時代の代表的な作家のルキアノスが小説『メニッポス、あるいは冥界下り』において、それまでとは異なる実験的な試みを展開しているからである。この小説では主人公のメニッポスは、冥界における死者の仕事ぶりを眺めながら、生前の人物評を展開している。たとえばアレクサンドロス大王の父親であるマケドニア王のフィリポスについては「マケドニア王フィリッポスを目にした時、実際、ぼくは笑いを制することが出来なかった。さし示されて彼をみると、ある片隅で銭を貰って、ぼろ靴の修繕をやっているのさ[24]」という具合である。

この時代に登場した風刺小説のもたらす笑いは、ソクラテス的な対話や、ディオゲネスが演じる風刺劇のパントマイムと比較すると、むしろ民衆のカーニヴァル的な笑いに近いものであり、中世にいたるまで、広場での笑いの伝統を伝えている。この笑劇『メニッポス』や、バフチンが「このジャンルを小説として極限まで展開してみせた[25]」と高く評価するペトロニウスの『サチュリコン』などの小説を手がかりに、このメニッペアの特徴を調べてみよう。

メニッペアの風刺の特徴

第一に、ソクラテス的な対話と比較すると、メニッペアでは笑いの比重が高くなる。『サチュリコン』は全編が哄笑で包まれた作品である。スキャンダルが暴かれるたびに、誰もが笑い転げる。少年と若者愛にふけっている主人公をみつけた少年の兄は、「嘲笑と喝采で部屋をみたすと、ぼくらをおおうていた掛け蒲団を引きはがしていった[26]」という具合である。

第二に、ソクラテスの対話編にみられた自己の省察や吟味という性格が失われ、「プロットおよび哲学的な発想の比類のない自由さ[27]」を特徴とするようになる。自由すぎて、ときには脈略が失われそうになるほどである。『サチュリコン』で語られる物語は、若者愛の話から大宴会の話へ、さらに詩作品の比較へと、話題は次々に変わる。語り手が自分の経験として語っているというところにしか、これらの物語を結ぶものはないのである。

第三に、きわめて大胆で奔放な空想や冒険が語られるが、それは「真理を誘い出し、試みるための、異常な状況を作りだすという目的によって内的に動機づけられ、正当化され、尊重されている[28]」という特徴がある。たんに読者の笑いを誘うことを目的にするではなく、異例な状況を描きながら真理を語ることを目指すのである。たとえばほぼ同時代のギリシアの小説家アキレウス・タティオスの『レウキッペとクレイトポン』は、醜い娘との結婚を迫られた若者が、若者愛を選択するか異性愛を選択するかという苦しい選択に迫られるという奇妙な状況を設定しておいて、同性愛と異性愛はどちらが価値が高いかについて、さまざまな論者が真剣に議論するのである。そしてその若者が実際にさまざまな愛の誘惑にさらされることで、どの議論が真理であるかを、実例によってまざまざと示そうとする。

第四に、メニッペアでは自由な空想や象徴体系などが、「下品で俗悪な自然主義と有機的に結びついている[29]」ことが多い。『サチュリコン』のさまざまな舞台が示すように、メニッペアの真理の舞台となるのは、「街道、娼窟、盗賊の巣窟、居酒屋、市の立つ広場、監獄、秘密セクトの性的秘儀の場[30]」など、いかがわしい場所ばかりである。真理とその現象とのきわめて対照的なあり方が、このメニッペアの笑いの重要な要素である。

第五に、メニッペアでは抽象的な哲学の問題ではなく、「倫理的・実践的な傾向を持った剝き出しの〈最終的な問い[31]〉」が考察されるという特徴がある。たとえばルキアノスの『悲劇役者ゼウス』では、哲学者たちの神についての議論について、ゼウスが「われわれが今後も崇められて、地上での分け前にあずかれるか、それともないがしろにされて屁とも思われぬかが、ことわざのとおり、かみそりの刃にかかっている[32]」と深刻に悩むところから、さまざまな神々や哲学者たちの大議論が展開される。

これは宗教そのものがこの世でどのような役割を果たすかという巨大なテーマであり、ソクラテス的な対話やディオゲネスの行動などではとうてい取り上げることが適わなかったような大きな考察の主題である。小説という枠組みで、巨大な思考実験が行なわれる場が作りだされるのである。

第六に、こうした哲学の普遍主義に関連して、天上のオリンポス、この世、地獄という宇宙論的な「三層構造[33]」がむきだしになることが指摘できる。ルキアノスの多くの対話は、天上にいる神々や死去した哲学者たちとの対話という形式をとるし、『メニッポス、あるいは冥界下り』において登場した地獄の描写は、『イリアス』でオデュッセウスが冥府の死者と対話するという伝統のもとで、「一七、八世紀のヨーロッパ文学に広く流布した〈死者たちの対話〉という特別なジャンル[34]」を生んだのである。この舞台装置の壮大さは、前項であげた思考実験の巨大さにみあうものである。

第七に、メニッペアにおいては、人間の日常的な状態をかるがると乗り越えている。これらの小説では、「人間の非日常的で異常な精神・心理状態、つまりあらゆる種類の狂気、人格の分裂、とめどもない空想、異常な夢、狂気と紙一重の激情、自殺[35]」など、通常のあり方では到達できないような異常な状態が描かれることになる。これによって小説のうちに異常心理の実験がもちこまれることになった。このような実験として描かれることで、「人間は自分自身と一致することをやめる[36]」ようになる。たとえば古代ローマの著作家のマルクス・テレンティウス・ウァロの『ビマルクス』という小説は、そこに登場する主人公マルクスの自我が分裂してしまい、ほんらいの主人公が約束しながらその約束を果たせないでいる事実を、その分身のマルクスが嘲笑しながら指摘するという奇怪な笑いの小説であり、自我と良心の対立という「一種の芸術上の発見[37]」が行なわれたものと評されている。

第八に、メニッペアで何よりも特徴的なのは、悲劇の統一性などはまったく気にかけることなく、ギリシア喜劇の中傷や暴露などともまったく異なる性質の「スキャンダラスでエキセントリックな性格をもった新しい芸術のカテゴリーが登場した[38]」ことにある。『サチュリコン』の宴会の場では、奇妙な料理がつぎつぎと登場し、それに奇妙な名前がつけられて、人々は大声で笑いつづける。後世のわたしたちにはもはや、どういう文脈で名づけられているのか理解しがたいが、たとえば「運河／カナリス／と足枡」という名前で客に供される料理は、「野兎／カナリス／と上靴」である[39]。

第九に、メニッペアは強烈なコントラストと自己撞着的な結合にみちている。皇帝が奴隷になり、盗賊が善良であり、娼婦が貞潔である。作者は、「ばらばらに離れたもの同士の意外な接近、あらゆる類のちぐはぐな組み合わせ[40]」を弄ぶ。そしてその意外性と異様さに驚かされた読者は、思わず笑いに耽るようになるのである。

全体としてみると、このメニッペアの笑いは、意想外な状況を手品のように作りだして、世間のありきたりの風習を転倒させながら笑いのめし、そうした風習の愚かしさを風刺するという仕組みになっている。このメニッペアの小説群は、こうした仕組みのうちで、それまでの哲学的な対話編などでは取り組むことのできなかった巨大な問題群を、笑劇のうちでやすやすと展開してみせるのである。

第二章　中世における民衆の笑いの文化

第一節　民衆の三つの笑い

滑稽文学、カーニヴァル、呪いの言葉

さてこのようにギリシアの小説の世界では、物語を推進させる大きな力が、笑いによって生まれていた。作者は読者に笑いを提供するために、さまざまな異様な状況を設定し、そこから読者の笑いを絞りとる。そして作中の主人公たちもまた、そうした状況の異様さに笑い転げるのである。こうした古代以来の笑いの伝統を受け継いだルネサンスの小説家のラブレーは、『ガルガンチュワ物語』の冒頭でソクラテスの笑いにならうことを宣言している。ソクラテスは「立ち居振舞いは滑稽、〔中略〕一切の国家公共の責務に適せず、常に笑いこけ、常に誰とでも酒を酌み交わし、常に嘲り笑って、常にその神々しい智恵を隠していた[1]」とい

うわけである。

ラブレーは、「笑うはこれ人間の本性なればなり[2]」と断言して、この物語では「笑うを措《お》きては、全きものをここに学ぶこと僅かならむ[3]」と宣言するのだった。バフチンが語るように、古代から中世にかけて、物語の自由な土台となり、土壌となったのは、「民衆の笑いの文化[4]」なのであり、この笑いの文化を、それが解体するほどに推し進めた後に、近代のさまざまな新たな笑いの形態が登場することになる。

バフチンは、この「民衆の笑いの文化」は大きくわけて三つの形態をとったと考えている。第一が滑稽な文学作品であり、メニッペアはそれが文学形式に定式化されたものである。第二が儀式的で見世物的な形式であり、カーニヴァル型の祝祭である。第三が「さまざまな形式やジャンルの無遠慮で粗野な広場の言葉[5]」である。この広場の言葉とは、たとえば誓いの言葉や呪いの言葉なのであり、ラブレーの作品にはこうした言葉が溢れるほどに登場する。

この三つの形態は、すでに考察した三つの種類の笑いを受け継いだものである。第一の滑稽な文学作品という形態は、人々をまず「おかしみの笑い」の渦に取り込むことによって、魅惑する。第二のカーニヴァルの「祝祭の笑い」は、伝統的な社会の枠組みのうちに分断されていた人々を、祝祭という特典的な場において一瞬の間だけでも結びつけ、人々の平等性を再確認させ、社会のうちの絆を回復させようとする。この祝祭の笑いは「社会的な笑い」

が繰り拡げられる場なのである。この絆を回復するための手段となるのが、人々に笑いを与える「おかしみ」であり、滑稽さなのである。第三の「無遠慮で粗野な広場の言葉」がもたらす「広場の笑い」は、その無秩序的で批判的な言葉や振舞いによってまき起こす「批判的な笑い」の力で既存の階層構造を突き崩し、それまで権威をもっていた人々を笑いのめす。この笑いは祭りの間のごく短い期間だけでも、既存の社会秩序を転覆して、人々の間に平等を回復させる。すでに前章で、メニッペアの第一の「おかしみの笑い」については考察してきたので、以下では、カーニヴァルで展開された第二の「祝祭の笑い」と第三の「広場の笑い」を検討してみよう。

第二節　カーニヴァルの二種類の笑い

カーニヴァルの特徴

カーニヴァルは民間の祝祭である。この祝祭にはさまざまな笑いの種が隠されており、いわば笑いの宝庫のようなものである。一八世紀になって、中世からほとんどそのまま受け継がれてきたローマのカーニヴァルを目撃したゲーテの貴重な証言から、カーニヴァルの特徴をまとめてみよう。

第一の特徴は、これが民衆の祭であることである。「ローマの謝肉祭は、元来民衆のために他の手によって催される祭ではなく、民衆自身がみずから催す祭である。国家はこの祭のためにほとんど何らの設備もせず、費用も支出しない。歓喜にみちた連中がおのずから動きだし、警察はその連中をただ寛大に取り締るのみである」(6)。

第二に、この祭は民衆が自発的に、国家の干渉なしに、自由な発意でもって催す祭であり、民衆のさまざまな思いつきが、自由に展開される。カーニヴァルでは人々のどんな突飛な思いつきも歓迎され、観衆もまたこれに参加してくる。この祭は、ただ眺めるものではなく、すべての人が参加する祭であり、参加することをなかば強制される祭である。その場に居合わせるだけで、もはや祭の一員なのである。これらの二つの特徴は、カーニヴァルの笑いが「社会的な笑い」であることを明らかに示すものである。

第三に、この祭は日頃の生活の厳粛さから完全に解放された特別な場である。カーニヴァルが始まる合図として、「カピトルの鐘が、昼少しすぎに打ち鳴らされる。これが、青天井の下で乱痴気騒《らんちき》ぎ差し支えなしという合図なのである。一年じゅう、あらゆる失策を慎重に警戒している鹿爪《しかつめ》らしいローマ人が、この瞬間には突如として、彼の厳粛さと慎重さとをかなぐり捨てるのである」(7)。

第四の特徴は、このような乱痴気騒ぎのつねとして、さまざまな秩序が壊乱されることである。カーニヴァルでは「殴打や刃傷沙汰以外のことなら、ほとんどあらゆることが許されている。貴賤の別は暫時のあいだ撤廃されているように思われる。誰も彼もが親しみ合い、自分にたいしてなされたことを気がるく解釈し、お互いにあつかましく無遠慮にしあったことも、みなが上機嫌であるために、相殺されてしまう(8)」のである。これら二つの特徴は、カーニヴァルの笑いが既存の秩序を転覆する「批判的な笑い」であることを示している。

ゲーテは、カーニヴァルの週が近づくとともに、祭が祝われるコルソーと呼ばれる街路が次第に祝祭に合わせて準備されていく様子を細かく描写している。きれいに掃除され、競馬の準備と訓練が行なわれ、街路の両側に大きな桟敷がたてられる。「街路はもはや人の通路ではなく、それはむしろ宴会の大広間か、装飾された巨大な画廊にも等しいものとなる(9)」。ここは乱痴気騒ぎのための特権的な空間になるのである。それではカーニヴァルでは具体的に、どのような乱痴気騒ぎが展開されるのだろうか。

仮装と性の転倒

街路のうちに、アーケードのような祝祭空間が仕立てあげられて、やがてカーニヴァルの週が始まる。最初に登場するのは仮装である。仮装のうちでもとくに人々の注目を集めたのは、もともとの性を転倒させた衣装を身にまとうものだった。「若い男たちは、最下層階級の女たちが着る晴着に身を飾り、胸も露《あら》わな格好で[10]」街路を練り歩き、いたずらをやり放題にやらかす。男性が女装するのと同じように、女性も男装する。「すると正直のところ、この両性的な姿がしばしば極めて魅惑的な効果をあげる[11]」のだった。

普通の意味での仮装も行なわれる。妻に不義をされた夫は、額に角が生えるというのがヨーロッパの常識なので、角をつけた仮装の道化が登場したりする。道化は新婚夫婦の家の窓の下で角をちょっとだしてみたり、二本の角を伸ばして、その先につけてある鈴を鳴らしたりする。それをみて「公衆は一瞬間面白そうに注目し、時にはどっと笑い崩れる[12]」のである。この新婚夫婦の窓の下でのからかいのしぐさは、いずれ考察するシャリヴァリに近い要素を含んでいることに注目しよう。

攻撃

インドや東南アジアでは、特別な祭のときに、水をかけあうことがよく行なわれる。なかには色つきの水をかける風習もあって、かけられた人は顔も衣服もピンクになったりする。それでも文句も言えない。せいぜい仕返しとして、水を相手にかけ返すぐらいだ。

ローマのカーニヴァルでは、金平糖のようなもの（コンフェッテイ）を街路を通る人に投げつける風習がある。比較的無害なので、美しい女性が狙われることが多い。ときには女性につき添った人が反撃して、激しい争いになることもあるが、危険な事態になることは少ないという。普段はとうてい許されないようなこうした女性への攻撃は、むしろ笑いの種になることが多い。

ゲーテが目撃したある滑稽な例では、道化たちを満載した馬車が、雑踏で動けなくなり、周囲の人々に囲まれて、コンフェッティを投げつけられる。道化の側から反撃する手段もなくなると、馬車はひたすらぶつけられるばかりであり、「大衆の笑い声のなかを、非難めいた調子に送られながら、のろのろとその場を立ち去る(13)」ことしかできないのだった。

カーニヴァル的論争

別の見せ物として、桟敷に姿を現わして、大演説をすることもある。大向こうの受けをねらって、軍人の仮装をして、自分の功績を大袈裟に語り始めたりするのである。すぐに道化が登場し、その語る内容に「疑問や抗議を持ちだす。そしてこの英雄の喋《しゃべ》ること全部を承認するように見せかけながら、彼の大言壮語を駄洒落《だじゃれ》や半畳をいれて滑稽なものにしてしまう(14)」のである。これはアイロニーの笑いを巻き起こす芝居である。どちらもそうした効果が生まれることを期待してやっているのだ。

道化王

また祭りにしばしば登場する道化のうちから、王が選ばれることもある。これも秩序の壊乱を象徴する「広場の笑い」の一つの例である。道化たちが選挙して王を選び、「彼の頭に王冠を、手には王笏《おうしゃく》を与える。そして音楽を奏しながら彼のお供をし、装飾された小さい馬車にのっている彼をば、大声を上げつつ、コルソーに沿って引っ張ってゆく[15]」のである。

パントマイム

あるいは街路で数人の人々が組んで、お芝居をしてみせることもある。「愉快な連中はあらゆる種類の馬鹿げた芝居を演じることができる[16]」のである。たとえば女装している若者の一群と、男装している若者の一群が一緒に歩いていく。そして女装している若者の一人は「身重らしくふるまって[17]」いる。

するとそのうち、男装のグループのうちで喧嘩が始まり、女装の若者がこれに干渉し、やがては「双方とも銀紙細工の大ナイフを引きぬき、おたがいに斬り合う[18]」大立回りになる。女たちは「身の毛もよだつような大声をあげて彼らを引きはなす[19]」。その騒ぎをみているうちに身重の女性が気分が悪くなり、椅子に坐らされる。やがて「彼女は苦しげな身振りをすると、不意になんだか妙な格好をしたものを産み落として、見物人に大喜びさせる[20]」。これで一連のパントマイムは終わり、彼らはまた別の場所で同じ芝居を始めるのである。

モッコリの祭

さらに蝋燭の炎を消し合うモッコリという火の祭もある。夜には誰もが火のついた小さな蝋燭を手にしている。「自分の周囲にいる人が知人であろうとあるまいと、誰彼の差別なく人々はたえず身近にいる者の蝋燭を吹き消そうとし、あるいは自分の蝋燭に火をつけようとする。それをまた横から吹き消そうとする[21]」のである。

そして「蝋燭の燃えさし（モッコリ）をもっていない者は殺されてしまえ」を略して「殺されてしまえ」と叫び合う。「老若貴賤の別なく、人々は互いに乱暴をする[22]」のである。ときには「子供が父親の蝋燭を吹き消しては、〈おとうさん、殺されてしまえ〉と叫びつづける。父親がその無礼を叱っても駄目である。子供は当夜の自由を主張し、さらに激しく父親を呪うのみである[23]」。父親の権威も形なしである。

バフチンは、このモッコリという火の祭のうちに、生と死の願望の両義的な性格をみいだしている。「殺されてしまえ」という呪いの叫び声が大きくなればなるほど、その威嚇の言葉の表の意味は失われてゆき、「死の願望の奥深い両義的な意味が露わにされてゆく[24]」のである。「死ね」という呪詛の言葉は、「死なないで」という秘めた願いを告げているのである。

こうして、「燃え尽きることと復活再生の雰囲気のなかでの嘲罵と称賛、死の願望と善きことと生の願望の両義的な結合[25]」が、この祭のうちに象徴されていると考えるのである。これはどこか、笑うことと泣くことの両義的な性格と共通するところがあるかもしれない。喜びのきわみは泣くことで表現され、悲しみのきわみは笑うことで表現されることもあるからだ。

カーニヴァルの笑いの三つの役割

中世という時代は、身分的な枠組みの強固な時代だった。王の家庭に生まれた者は、王になるのが当然であり、貴族の身分に生まれた者は、何もしなくても貴族の特権を享受することができる。それだけにキリスト教は、この不平等な世界で苦しみや貧困にあえぐ者たちに、この世での不幸を償うことのできる彼岸での救済を約束して、民衆のうちに大きな力を獲得していったのである。

しかしカーニヴァルのようなごく稀な機会だけが、この世における民衆の不満を表現し、秩序を転覆するという夢を、現実のうちに実現することができるかのような幻想を与えてくれるのだった。それだけにカーニヴァルでの笑いは、こうした幻想を作りだし、それを実際に体感することのできる重要な手段だった。

仮装することで、身分の違いが消滅したかのように振る舞うことができ、女装や男装することで性別の違いが消滅したかのように振る舞うことができる。そこでかもしだされる笑いは、その幻想があたかも現実のものであるかのような雰囲気を作りだすことができる。この笑いは、民衆の現世での苦しさややるせなさを吐き出すわずかな慰めの表現であり、その吐け口だったのである。

それだけにカーニヴァルでの笑いは、「おかしみの笑い」でありながらも、そのおかしみは現実の社会の構造や秩序への「批判的な笑い」という意味をもつと同時に、社会の閉塞感を緩めるために安全弁の役割も果たすのだった。祭が終わると、またもとの秩序が復活し、もとの暮らしに戻るとしても、一瞬の解放感は辛い生活を耐えるための慰めとして役立つことになるだろう。この笑いは社会的な統合を維持し、強める役割を果たすという意味では、「社会的な笑い」でもあるのである。

第三章　ルネサンスの笑いの文学

第一節　ルネサンスから近代までの笑いの変化

ルネサンスの三大文学作家

ところが中世から近代に向かう境目にあたるルネサンス期には、このような民衆のカーニヴァルの笑いの精神をうけついだ文学の巨匠が三人も登場した。ラブレー（一四九九頃～一五五三頃）、セルバンテス（一五四七～一六一六）、シェイクスピア（一五六四～一六一六）である。

この三人のうちでは、時代の早いラブレーがもっとも中世の精神に近く、シェイクスピアがもっとも近代的な精神に近い。ただしシェイクスピアとセルバンテスは、没年が一六一六年と同じ年であることからも明らかなように、同時代人である。そしてこのルネサンスの時代に、笑いの歴史における大きな転換が起きたのである。バフチンが「笑いの歴史において、ラブレー、セルバンテス、シェイクスピアの時代は重要な転換点である[1]」と指摘するとおりである。

このルネサンスの時代の笑いは、中世の笑いとも、近代の黎明を告げる次の一七世紀の笑いとも、明確に異なるものである。この節では中世と近代の狭間の時代のこれらの文学作品に示された「笑いの思想史」を素描してみよう。そしてこれらの文学作品において、笑いの三つの基本的なタイプである「おかしみの笑い」「社会的な笑い」「批判的な笑い」がどのように彫琢されていくかを考えてみよう。

ルネサンスの笑い

まず「笑い」という営みが、ルネサンス時代から近代盛期の一九世紀まで、どのように変化していくか、バフチンに依拠しながらその概略を簡単にまとめておこう。中世は、生産活動という側面でみると、停滞した時期だった。しかし一一世紀から一三世紀にかけての「大開墾時代」に、修道士たちを先頭に広大な農地が開拓され、食料は大幅に増産され、生産性も顕著に向上した。食料が豊富にあるために人口も増大した。「ヨーロッパの総人口は、西暦一〇〇〇年から一三四〇年までに倍増した[2]」と言われるくらいである。

社会が豊かになるとともに、人々のうちに新しい心性が生まれ、やがてルネサンスの時代が始まる。バフチンによると、ルネサンスの笑いには次の二つの特徴がある。第一に、「笑いが深い世界観的な意味をもつ[3]」ようになった。ルネサンスの哲学の重要な特徴は、ミクロコスモスとマクロコスモスが対応することにある。ミクロコスモスである人間の身体はその統一的な有機体としての機能において、マクロコスモスである宇宙の構造を模倣し、反映していると考えられていたのである。そして人々は自分の身体の全身を使って笑うことによって世界の宇宙論的な真理に近づくものとされていた。そこから、「笑いは統一体としての世界、歴史、人間に関する真理の本質[4]」を体現するという意味をもつようになったのである。身体はミクロで特殊なものであるが、それでいてマクロな「世界に対する特殊な普遍的な観点[5]」を可能とするものとみなされたのである。

第二に、笑いは生真面目なものの見方よりも本質的なものを体現しているのであり、そのことによって、偉大な文学作品のなかにも登場することができるようになった。ルネサンスの笑いの巨匠の文学は、笑いによって社会にとって本質的な問題を提起しようとしたのである。「世間のきわめて本質的な側面のうちにあるものは笑いによってしか近づくことができない[6]」と考えたからである。理性的な取り組みではなく、笑いという理性を超越した行動によってこそ、社会の本質的な要素が見えてくると考えられたのである。

一七世紀の笑い

ところが近代の初頭の一七世紀になると、絶対王政のもとで秩序が安定してくる。すべてを疑い、自分が疑いえないものだけを信じるデカルトの合理的な哲学が支配的になった時代である。このバロックの時代の文化では、「存在の不変性・完結性に向かう傾向が、イメージの一義性・単調な厳粛性への傾向が支配する[7]」ようになった。理性が重視されるとともに、中世のグロテスクなものへの好みが否定され、「グロテスクな笑いの伝統からは完全に自由になる[8]」ことが好まれるのである。

そこで一七世紀においては笑いは、もはやルネサンス時代のような普遍的で宇宙的な形式をとることはできなくなった。マクロコスモスとミクロコスモスの対応は失われて、「笑いは社会生活の個人的なそして、特徴のある現象、否定的な領域の現象のいくつかだけに関係をもつ[9]」ものとみなされたのである。近代とともに笑いは瑣末な事柄にかかわるものとなり、本質的なものとの関係を失い始める。

第二に、笑いは厳粛なものからは完全に分離される。皇帝、司令官、英雄など、歴史を代表する人物は滑稽ではありえない。「滑稽なものの領域は狭く特殊である[10]」。笑いは社会の下層の人々の生活のうちだけに限られるようになる。「笑いは肩のこらない娯楽か、背徳的な卑劣な人間どもにたいする社会的に有効な懲罰の一種[11]」とされたのである。

第三に、かつては宇宙論的なつながりをもっていた笑いの意味が理解されなくなった。そのため「笑いは典型的なもの、特殊性を捨象したもの、平均的なもの、普通のもの、日常風俗的なものと癒着する」[12]。このようにして、歴史的な普遍性をそなえたものが笑いの対象となることはなくなる。「明確で典型的なものがない時、ただ一人の個人が、つまりまったく特定の現実の人間が探し求められる」[13]。そして笑いはその個人に普遍的なものの現われをみいだす「アレゴリー」[14]になっていくのである。

一八世紀の笑い

啓蒙とロココの時代の一八世紀になるとこの傾向はさらに進展し、もはや中世のカーニヴァルの笑いは理解されなくなる。ルネサンスの笑いの巨匠であったラブレーは、「啓蒙の思想家たちにとっては〈未開で野蛮な一六世紀〉の顕著な代表的な人物[15]」とみなされるようになる。啓蒙の哲学者のヴォルテールにとってラブレーは「その突飛で訳のわからない書物の中へ、これ以上ないような陽気さと、法外な無作法をぶちまけた[16]」人物にしかみえないのである。

この時代には、もはや喧躁に満ちた猥雑なカーニヴァルは好まれなくなる。やがて「民衆文化の儀式的・見世物的なカーニヴァルの諸形式の狭小化、矮小化、貧困化の過程が次第に進行する。一方では祝祭の生活に国家的な性格が賦与され、盛装・儀礼的なものとなる[17]。そして民衆の祝祭そのものは、風俗として、「私的な、家庭の、家族内の生活慣習の中に入りこんでしまう[18]」。かつては哄笑を巻き起こしていたグロテスクなものは、「民衆的な広場的文化との生きたつながりを失い、純粋に文学的伝統となる[19]」ことで変質しながら生き延びるのである。

このようにして一八世紀のロココの時代になると、笑いは「〈室内的〉になり、小さく軽いものになり、広場の率直さは内密性になり、物質的・肉体的下層とのつながりをもつ無作法さはエロティックな軽薄さに変り、陽気な相対性感覚は懐疑主義と無思索的な態度に変る[20]」のである。

やがてロマン派では、グロテスクなもののもたらす笑いは縮小されて、「ユーモア、アイロニー、皮肉（サルカズム）の形式をとる。喜ばしき歓喜する笑いたることをやめる[21]」のである。ベルクソンをはじめとする近代の笑いの哲学は、ルネサンスの笑いのもつ「肯定的・再生的・創造的な意味」を否定し、「笑いの中に主として否定的機能を持ちこんだ[22]」とバフチンは指摘する。このようにして近代にいたると、笑いのもつ潜在的な力はまったく失われてしまうことになる。

これまで古代のアイロニーの笑い、中世のグロテクスの笑い、そして近代の洗練され、笑いの強度の薄められたユーモアの笑いへの変化について、古代、そしてルネサンスから近代のロココ時代までの笑いの現象に対する姿勢の移り変わりをごく足早にたどってきたが、ここでしばらく立ち止まることにしよう。そしてバフチンが称賛したルネサンスの三人の笑いの巨匠の笑いには、どのような種類と性質があったのか、それを具体的に調べてみることにしよう。

第二節　ラブレー

ラブレーの笑い

バフチンは、「一六世紀は笑いの歴史の頂上であり、この頂上のピークがラブレーの小説である」[23]と指摘している。ラブレーは中世的なカーニヴァルの笑いをその極限にまで高めて表現した。バフチンはラブレーの笑いの特徴を、第一に民衆の祝祭の表現、第二に祝祭のうちでも人々が集まって食事をする饗宴の表現、第三に饗宴のうちでも食べる営みにおける肉体の特異な表現、第四に肉体のうちでも腹部とその下の下半身の部分の強調のうちにみいだしている。ラブレーにおいては、スカトロジーに近い滑稽さという「おかしみの笑い」の要素と、民衆の祝祭や宴会などによる社会的な絆の構築という「社会的な笑い」の要素がとくに重視されたと考えることができる。しかし王の奪冠の場面のように、権力者にたいする「批判的な笑い」のまなざしも研ぎ澄まされている。これらの四つの特徴を順に調べてみよう。

王の奪冠

第一のカーニヴァルの秩序転倒的な笑いの要素が顕著なのは、『パンタグリュエル物語』の第四之書でパンタグリュエルの一行が代理委任島で行なう祝祭的な貴族の殴打の場面である。この島では法院族という一族が支配している。この国の修道士や司祭などが、ある貴族を痛めつけようとした場合には、この法院族が派遣される。彼らは貴族に召喚状を渡しては、「恥も外聞もなく罵倒し、愚弄する」[24]のである。

するとかんかんに怒った貴族は、法院族の「頭を棍棒で殴りつけるか、剣で切りつけるか、膕《ひかがみ》〔膝の後ろのくぼみ〕をいやというほど叩きのめすか、相手をお城の銃眼壁や窓からおっ放り出すか」[25]という手段で対抗するしかなくなる。こうして大けがした法院族は、依頼者からたんまりと報酬をもらい、貴族からは多額の賠償金をせしめるので、「お金がころげこみ、それから四カ月間は、お大尽暮らし」[26]ということになる。

パンタグリュエルの一行はこの風習を知り、さらに婚礼のお祝いのときには、「お互いに拳で軽く殴り合う」[27]風習があり、これには誰も異議を唱えられないことになっていたことを利用して、婚礼のお祝いにかこつけて、法院族を殴りつけることを土地の殿様から依頼される。「遠慮会釈なしに、ぶっ叩いてくれ、お願いだぞ、ごつごつ、びちゃびちゃ、ぽかぽかとやってくれ[28]」と頼まれたのである。

そこで一行は、法院族の行列がやってくると一斉に殴りかかった。「肋骨《あばら》は八本へし折られ、胸骨はぐじゃぐじゃに潰され、肩胛骨は四つに割られ、下顎は三つに裂かれてばくばくになり、傷だらけになって失神してしまいましたが、何もかも、ふざけ半分で、わあわあ笑いながら行われたのですよ[29]」。

殴られた法院族は大けがをしてしまうが、誰も咎めることはできない。バフチンが指摘するように、この身分高いはずの法院族の殴打は、カーニヴァルの王の奪冠の儀式にならっているからである。この儀式では王は道化になる。王は「全民衆によって選ばれ、それから彼の王位の期間が終わると、その全民衆によって嘲笑され、罵られ、打たれる[30]」のである。

文化人類学者のジェームズ・フレイザーの『金枝篇』は、殺される王の神話の解明を隠されたモチーフとしているが、多くの民俗的な風習にも、このような王の嘲笑と殺害の伝統が残されている。「奪冠の罵言は、古き権力、死に行く世界についての真実として、ラブレーのイメージ体系に有機的にはいりこみ、そこでカーニヴァル的打擲《ちょうちゃく》、変装《トラヴェスティ》、仮装と結びつくのである[31]」。法院族の殴打の笑いは、冠を奪われた王への嘲笑の笑いであり、偽りの権力の真実の顔を暴く批判的な笑いである。

貪る腹

第二の饗宴における笑いの表現として有名なのは、ガルガルチュアが生まれるときの宴会の様子の描写だろう。母親ガルガメルの出産が近づいたので、父親のグラングゥジェは信じがたいほどの豪勢な饗宴を催す。なにしろ三六万頭もの肥満牛を殺して、料理したのである。母親が下腹部から子供を生むためには、口からそれなりのものを入れねばならないというわけである。

そして母親は「肛門が抜けてしまう[32]」ほどに牛腸料理を食べすぎる。母親が牛の腸の料理だけを食べること、そして食べすぎることには、象徴的な意味があるだろう。牛の腸は周知のように反芻動物なのできわめて長い。牛は草を貪り食べて、この腹の中にため込み、それを反芻するのである。この腹は貪り食べる腹である。

母親はこの「貪り食べる腹」を貪り食べる。そして腹の末端の出口部分である肛門が抜けでてしまうのである。「この貪り食べられ、貪り食べる腹は、生み出す腹と一つになる。ここから生まれるのは、単一の、超個人的な肉の生活——貪り食い——貪り食われ——生み出し——生み出される、大いなる腹という真にグロテスクなイメージである[33]」。牛はここではひたすら食べる腹としてイメージされている。
ただし母親が食べきれないたくさんの肉が残っている。しかもこの肉はすぐに腐ってしまうだろう。そこで近くの町の人々をはじめとして、「皆一騎当千の左利きで、愉快な連中で、棒遊《キーユ》びの名人たち[34]」を集めて、大宴会を開くことになる。これは「広範な、可能な限り全民衆的な性格をもっている[35]」饗宴であり、「全世界のための饗宴[36]」である。

この饗宴では、食べ物をきっかけとしてさまざまな談話が交わされ、無数の駄洒落が語られ、笑いを巻き起こす。食卓は食事の場として、口から食べ物とワインを呑み込む場であるとともに、会話の場として、口からたくさんの冗談や洒落が吐き出される愉快な場なのである。わたしたちにはもはや解読できない駄洒落が多いが、「偉大なる神は遊星《プラネット》を作り給い、我が輩たちは空皿《プラ・ネット》を作るぞ[37]」はまだしも分かりやすい。プラは「皿」であり、ネットは「きれいな、汚れのない」であるから、食べて、嘗めて、皿に汚れの一つもなくなるまで食い尽くすと宣言しているのである。

こうして生まれたガルガンチュワは、赤子のように泣かず、大音声をあげて「のみたーい！　のみたーい！　のみたーい！[38]」と叫びだし、「あらゆる人々に一杯飲めと言わんばかりであった[39]」のである。ちなみにガルガンチュワの名前は、この大声で叫ぶ子供の喉の大きさに感心した父親が「やれやれ、お前のはでっかいわ」（ケ・グラン・チュ・ア）と評したこないだろう)。

とによる。[40] 名づけからして力の抜けたユーモアが発揮される(もちろん大きいのは喉だけでは

食い尽くす肉体

第三の食べる営みにおける肉体の特異な表現は、すでに母親のこの出産の場面に描かれている。饗宴は、貪る腹が超個人的なものとなり、人々の腹が一つの巨大な腹のように、出された食べ物を食い尽くす場である。それだけではなくガルガンチュワは子宮からではなく、左の耳から生まれたのである。

というのも、母親の腸が脱肛していたため、産婆が収斂剤を飲ませた。そこで赤子は子宮から出てくることができず、「子宮の髀臼《コチドレン》が上のほうに口を開けてしまい、そこから胎児が飛び出し、上昇静脈幹にはいりこみ、横隔膜を通って肩の辺まで攀《よ》じ登り、(そこで、この血管は二つに分れているが) 左手へ道を辿《たど》って、左の耳から外へ出た[41]」という異様な生れ方をしたのだった。これは下のものが上になるというカーニヴァル特有の秩序の転覆の現象を身体の次元で表現したものにほかならない。

死と復活の喜劇的な演技を営む下半身

第四の肉体の下腹部の表現も、この超個人的な腸で代表させることができるだろう。この腸が主張しているのは「貪り食う、呑み込む[42]」というイメージであるが、フロイトやメラニー・クラインの指摘を待つまでもなく、貪り食う母親の身体は、「最も古い両義的な死と破壊のイメージ[43]」である。同時に、この腹は下に向かって「大きく開けた口[44]」として、上部の貪り食う口に対応するのである。ミクロコスモスである人間の貪り食う身体は、マクロコスモスである社会と宇宙の消費の営みを象徴的に再現するのである。

この貪り食う母親の腹部の営みは、饗宴での食事であり、排泄であり、出産である。バフチンは、母親のグロテスクな身体の三つ基本的な営みとして、「性行為、臨終・死の苦悶、それに出産[45]」をあげている。これらの行為は外的な兆候としてはたがいに類似したところがあり、その演技性には喜劇的な要素がある。これらは「一つの肉体での死＝復活の独特な喜劇的演技[46]」として演じられる。

これらはどれもが、喜劇において、カーニヴァルで、そして饗宴での談話において、笑うための重要な要素となる。とくに「食卓の談話のテーマ群の中では、性交、妊娠、出産、飲み食い、死のような現象が主導的な役割を演ずる[47]」のである。肉体のうちでも下半身は、これらの営みで重要な役割をはたす。そしてこの下半身の滑稽な営みが、人々の笑いを巻き起こすのである。

第三節　セルバンテス

『ドン・キホーテ』の笑い

セルバンテスの有名な『ドン・キホーテ』は滑稽文学として描かれた。騎士の時代が終わった一七世紀の初頭になって、まだ中世の騎士道に憧れて、それを実践する人物を描いた小説であり、朗読されたところではどこでも大笑いを巻き起こしたという。

当時の読者にはほんとうに滑稽だったのだろう。わたしたちにはあまりピンとこないところもあるが、武士が威張っていた江戸時代もとうに過ぎ去って、明治時代の半ばになって、まだちょんまげをつけて、刀らしきものを携えて、武士の誇りをちらつかせながら、失敗ばかり重ねる人物の物語が書かれていれば、日本でも同じような笑いを誘ったのかもしれない。

カーニヴァルの笑い

それでもこの物語にはいくつもの重層的な笑いが仕込まれているのは、読んでみるとすぐに分かる。一つは中世の民衆のカーニヴァル的な笑いである。このカーニヴァル的な笑いは三つの層で感じられる。第一は、ラブレーにみられたようなドタバタ劇が何度でも登場することである。ドン・キホーテは自分が騎士であるという思い込みによって、毎回こうした騒動を引き起こし、また騒動に巻き込まれる。

最初の有名な場面、ドン・キホーテが風車を巨人とみなして突撃する場合では、「彼が翼目がけて一槍くれると、風は恐ろしい勢いで翼を廻したものだから、たちまち槍は粉々にくだけ、あまつさえ馬も乗り手ももろともにうしろへほうり出したので、みじめにも野原をごろごろと転げて行った[48]」のだった。

殴りあい

これは騎士の一人芝居だが、このカーニヴァル的なドタバタが集約されているのが、ドン・キホーテが勝手に城だと思い込んだ宿屋で、女中のマリトルネスと一緒になって四、五人でくんずほぐれつの大騒ぎをする場面だろう。ドン・キホーテは彼女を奥方と信じ込んで、口説き倒す。もともと彼女はそういうときには、夜に相手の寝室に忍び込むのをつねとしていたので、「いくらでもいうことをきいてあげようという約束を与えていた[49]」。

ドン・キホーテはそれを信じてずっと待っている。彼女がやってくると、「彼には腕の中に美の女神をだいているとさえ思われた[50]」のだった。そしてドルシネア姫に捧げた忠誠の誓いさえなければ、「千載一遇の好運をむざむざと取りにがすほどの、うつけ者の騎士ではないつもりでございます[51]」と意味のわからないくどき文句を語っている。それを聞いていたのが、彼女への「けがらわしい欲望に寝もやらずにいた[52]」馬方だった。

馬方は「この恋をささやく騎士の細い頤《あご》に、ものすごい拳骨をくらわせたからたまらない、相手〔ドン・キホーテ〕の口中は血まみれになってしまった。なお、これでもおさまらないので相手の背骨の上にのって、跑《だく》よりも小刻みに、両足で万遍なくかけまわった[53]」のだった。この三人の重みで寝台は床まで崩れてしまう。

この音を聞いて駆けつけたのが宿の主人である。宿の主人はマリトルネスが見当たらなかったので、彼女が引き起こした騒動だと思っていた。主人がやってくるのをみた彼女は、叱られるのが嫌なので、サンチョの寝床にもぐりこんでしまう。寝ぼけたサンチョは彼女を殴るが、彼女も痛いので「女のたしなみも忘れはてて、サンチョをさんざんに殴り返した[54]」のだった。

こうしてマリトリネスとサンチョの間でも「世にもすさまじい、滑稽きわまるつかみ合いが始まった[55]」のである。主人の灯りでこれをみた馬方は、「自分の女のこのありさまを眼にすると、ドン・キホーテをうちすてて彼女に必要な加勢のためにかけよった[56]」。一方では宿の亭主も、彼女を懲らしめようと、女のところに駆け寄る。こうして「馬方はサンチョに、サンチョは女中に、女中はサンチョに、宿の主は女中に、みんなお互いに、それこそ息をつくひまもなく矢つぎ早に拳骨を浴びせかけた[57]」のだった。

これはすでに述べたパンタグリュエル一行が法院族を殴る場面を彷彿とさせる殴りあいである。こうしたカーニヴァル的な殴りあいのうちにも、中世以来の伝統が復活しているのである。

騎士の儀礼の嘲笑

ところでドン・キホーテが騎士になって旅にでかけるためには、正式な叙任式が必要だった。ところがそのような儀礼をやってくれる伝統はもはや失われていた。それでも彼は騎士にならねばならない。この頼みを聞いたのが、安宿の亭主である。亭主はドン・キホーテの悩みを聞くと、「どっちかといえば人の悪い男だったし、それにそれまでお客の常軌を逸した点をいい加減感づいていたものだから、こういう相手の言葉を聞くやいなや、てっきりそうだと思い込んでしまって、そのあげくは一番今夜の笑い草にしてやろうという魂胆から、相手の望むままにまかせようと早くも心にきめた[58]」のだった。

そして自分もかつて騎士だったことがあると誇らしげに法螺《ほら》を吹きながら、彼に偽りの叙任の儀礼を与える。相手を膝まずかせて、祈禱書を読むように何かぶつぶつと口ごもりながら、「相手の頸にしたたか平手打ちを加え、ついで今度は相手の剣でしたたか肩に峰打ちを加えた」[59]のだった。手伝いの娘たちにとって「この儀式の段階ごとに噴き出す笑いを抑えるのは並大抵なことではなかった」[60]ほどである。そして娘たちは、ドン・キホーテの武運を祈ることで、騎士の思い込みをさらに深めてやるのである。

このようにほんらいならば威厳のある儀式を、まったくの資格もない人物が、意味のない言葉をつぶやきながら遂行するのは、教会の儀礼を嘲笑する民衆の伝統であり、ここでも『ドン・キホーテ』は、すべての高尚な儀式・礼式を「物質的・肉的な面に移し変える」[61]ことを目指す中世の道化の要素をうけついでいる。これは『ドン・キホーテ』にみられる「騎士道的イデオロギーと儀礼をおとしめ、地上的なものにする多くの場面」[62]の一つである。ここでも伝統的な儀礼への嘲笑的で批判的な笑いの要素がこめられている。

下層的な要素

中世の道化的な民衆劇との共通点として挙げられるのが、食べ物などの下半身的な要素の重視である。この側面を代表するのがサンチョである。サンチョは、ドン・キホーテの騎士道のイデオロギー的な側面を茶化しながら、食べるという行為では騎士道の地上的な側面を代表しているのである。

サンチョは「背は低いが、おなかは立派に突き出している。胴体は長いのだが長いすねをしている[63]」。馬ではなく驢馬にまたがるサンチョは「文学に登場する無数のならずものの集合体である[64]」。悪賢く、騎士道の精神にしたがうのは主人にまかせておき、自分は戦いに参加することは拒む。そしてほとんどいつでもひたすら食べている。

風車事件の後でも、「やおら背負い袋から中にあったものをとり出して、主人の後を、しごくゆっくりと進みながら、噛みしめ噛みしめ食べながら行った。そしてときどき、酒には何不足ないマラガの酒蔵のおやじすら羨みそうに、いかにもうまそうに、酒袋からぐびりぐびりと飲みながら進んだ[65]」のだった。

バフチンが指摘するように、「サンチョ——その腹、食欲、そのおびただしい大便——はグロテスク・リアリズムの絶対的な下層であり、ドン・キホーテの切り離された抽象的な生気を失なった観念論《イデアリズム》のために掘られた陽気な肉体の墓（腹、胎内、大地）である。〔中略〕これはこれらの精神的な見せかけの一面的な生真面目さに対して加えられた民衆的な笑いによる訂正[66]」なのである。バフチンが指摘するように、こうした「絶対的な下層」は、ドン・キホーテの生真面さを笑い飛ばしてしまう民衆的な力をひめているのである。

このようにセルバンテスの『ドン・キホーテ』は、騎士ドン・キホーテの滑稽な行動と、その従者の野放図な庶民性を描きだすことで、人々の笑いを誘う「滑稽さ」という笑いの第一の要素を中心とした書物である。それでも食事によって生み出される社会的な統合の機能の描写は忘れられていないし、ドン・キホーテの行動そのものによって、騎士道という社会的な規範にたいする批判的な笑いと嘲笑が描き込まれているのも明らかである。

アイロニーとユーモア

このように『ドン・キホーテ』の笑いは中世の民衆的なカーニヴァルの伝統に根差すものだった。ただしこの作品の笑いは重層的なものであり、別の次元の笑いも考えることができる。それは作品を読んだときに、読者のうちに湧き起こる自然な笑いであり、これは作品の目指す笑いとは違う種類の笑いであって、笑いのメカニズムを分けて考える必要があるだろう。

この観点から興味深い論点を示しているのは、牛島信明『反＝ドン・キホーテ論』だろう。この書物で牛島は『ドン・キホーテ』の笑いをアイロニーとユーモアという二つの概念で分析する。それによると、アイロニーとは基本的に、作者の側から作りだす笑いの原理であり、ユーモアとは読者の側で生みだされる笑いの原理である。

牛島によると「アイロニーとは、ユーモアをかもすための文体的な手段[67]」であり、ユーモアとは「アイロニーの個々によってかもしだされる感興であり、情調であり、雰囲気である[68]」ということになる。アイロニーという仕組みが原因になって、ユーモラスな読後感という結果が生まれるというわけだ。アイロニーでは主観的な側面に重点がおかれ、ユーモアでは他者との関係に重点がおかれるというわけだ。

この区別については、ショーペンハウアーが「アイロニーは客観的で、すなわち他人を考慮にいれる。しかしユーモアは主観的で、すなわち何はさておき、ただ自分の自己のためにのみ存在する」(69)と正反対の定義をしていることも忘れてはならないだろう。これまでソクラテスのアイロニーについて考えてきたところからも、このショーペンハウアーの規定は納得できるものである。また「アイロニーはまじめな顔つきで始まり、笑い顔をもって終わるが、ユーモアのほうはそれとは逆の形をとる」(70)と指摘していることにも注目しよう。「冗談がまじめさの背後に隠れるとアイロニーが生じる」(71)が、ユーモアは冗談の背後にひそむまじめさであるという定義も同じことを指している。それにアイロニーとユーモアを原因と結果という関係で結びつけるのが適切かどうかには、いささかの疑問がある。

おそらく牛島はアイロニーとユーモアについて、著者と読者の関係を重視したためにこうした区別を採用したものと思われる。ショーペンハウアーの規定は、著者のアイロニーと読者のユーモアの関係ではなく、笑いをもたらすメカニズムそのものに注目したものであり、わたしたちの考察からは、こちらの方が適切だろう。しかし牛島のこの書物では、セルバンテスが読者の心のうちでユーモアをかもしだすために利用しているアイロニーの手段を詳しく考察しているために、牛島はこのような定義を必要としたのだろう。主観的と客観的という区別は、この文脈ではそれほど大きな意味をもたない。それよりも牛島はここで、『ドン・キホーテ』におけるアイロニーを、それが読者のうちでユーモアの笑いを引き起こすメカニズムという観点から、「演劇的アイロニー」「状況のアイロニー」「言葉のアイロニー」に分類しているのは興味深い。この三つのアイロニーはこの作品でどのような役割を果たしているのだろうか。それを具体的に調べてみよう。

演劇的アイロニー

最初の「演劇的アイロニー」は、演劇の筋そのものによって生まれるアイロニーであり、「観客には分かっているのに、登場人物は知らないことになっているアイロニカルな状況」[72]である。たとえば風車の場面では、ドン・キホーテは風車が巨人だと信じ込んでいる（ことになっている）。しかし著者とともに、わたしたちもサンチョも、それが風車でしかないことを知っている。それだけにドン・キホーテの猪突猛進ぶりが、読者を笑わせるのである。

そしてドン・キホーテの滑稽な姿に笑ったあとで、ドン・キホーテが言い訳をして、魔術師がドン・キホーテに巨人を征服する名誉を与えたくないために、「あの巨人どもを風車に変えおったのだ[73]」と弁明するところで、もう一度笑い転げる。魔術師というものは、現実を非現実に、すなわち風車を巨人に変えるから魔術師なのであって、非現実を現実に、すなわち巨人を風車に変えるのは、魔術の敗北を示すものだからだ。

状況のアイロニー

この「状況のアイロニー」は、著者の技巧であるというよりも、読者のうちに巧まずに生まれてくる性質のものであることが多い。牛島はこのように自然に生まれてくるアイロニーを「状況のアイロニー」と名付け、それをさらに「ドン・キホーテの意図とそれに反する結果」のもたらすアイロニー、ならびに「ドン・キホーテの意識と状況の乖離」のアイロニー、「意識された狂気」のアイロニー、「狂気の相対性」のアイロニーに分けている。これらの四つのアイロニーについて順に調べてみよう。

(一)「ドン・キホーテの意図とそれに反する結果」のアイロニー

「ドン・キホーテの意図とそれに反する結果」のアイロニーは、いくつもの冒険でみられる。ドン・キホーテは一二人の男たちが「太い鉄の鎖で頸のあたりを数珠《じゅず》つなぎにされ、そのうえいずれも手に手錠をかけられ(74)」ているのを目撃する。ガレー船の漕ぎ手にされる徒刑囚たちである。ドン・キホーテは彼らがみずからの意志ではなく、強制的に連れてゆかれることを知って、これこそまさに「強きをくじき、弱きをたすくる、拙者のつとめをふるうべきところだ[75]」と勇み立つ。

そして囚人たちから事情を聞いた後に、役人に囚人たちを釈放するように命令するが、もちろん役人が従うわけもない。ドン・キホーテは役人に襲いかかり、ついに囚人たちを解放してしまう。そして囚人たちに、この恩に報いるために町に戻ってドゥルシネーア姫に彼らの解放の経緯を物語るように求めるのである。

逃亡できた囚人たちがその命令に服従するわけもなく、ドン・キホーテとサンチョは彼らに攻撃され、上着も着物も奪いとられ、「ドン・キホーテは自分があれほど恩をほどこした当のやつらから、こういうひどい目にあわされて、ひどく不機嫌[76]」になるのだった。強制されて連行される人々に自由を与えようという意図は、その当人たちから罵倒され、攻撃され、わずかな財産を奪われるという結果をもたらしただけでなく、ドン・キホーテたちは法を犯す者という汚名まで着せられたのだった。

ドン・キホーテが掲げる信条が、その意図に反するどのような結果をもたらすか、それは読者には最初から分かっていることだっただけに、ドン・キホーテがきちんとその「報い」を受けたことに、読者は満足の笑いを浮かべることになるだろう。

(二)「ドン・キホーテの意識と状況の乖離」のアイロニー

これも前のアイロニーと似たものである。たとえば第一一章では、ドン・キホーテは出会った山羊飼いたちから歓待されて、古代の牧歌的な生活を賛美する演説をする。「日々の糧《かて》を得るにも、ただ手をのばして、うまい熟した実をむすんでおおらかに人々を招いているがんじょうな樫の樹から手にいれる以外には、誰も別に労力を用いるには及ばなかった(77)」時代をなつかしむのである。

長い演説の間、山羊飼いたちは「始めから終わりまで一言も答えもしないで、ただもうあっけにとられて茫然と、彼の言うことに耳を傾けていた。サンチョもやはり、同じように黙りこくって、榛の実を食べては、二番目の酒袋にしきりにお見舞いを申していたのであった(78)」。ドン・キホーテは過去の原始共同体の夢を語るのだが、彼の気持ちは誰にも共有されておらず、場違いに浮き上がるだけであり、そこはかとないペーソスが滲むのである。

(三)「意識された狂気」のアイロニー

この「意識された狂気」のアイロニーは「狂気の相対性」のアイロニーとともに、ドン・キホーテの狂気の逆説を示すものであり、ここではこれらの二つのアイロニーをまとめて考えよう。この書物の冒頭で、ドン・キホーテは騎士道の本を読み過ぎて狂気になったと語られている。これを語るのは作者である。「ろくに眠りもせず、無性に読みふけったばかりに、頭脳がすっかりひからびてしまい、はては正気を失うようなことになった」[79]というのは、作者という外部のまなざしが語る言葉であり、ドン・キホーテは自分が狂気だとは考えていないかのようである。しかしそうなのだろうか。第二五章ではドン・キホーテは愛するドゥルシネーア姫に手紙を書き、サンチョに返事をもらってきてくれと頼む。そこで彼はこう言う。「わが思い姫ドゥルシネーアの許《もと》へ、おぬしに届けてもらおうと思っている手紙の返事を、おぬしがたずさえて帰るまでは、なんとしても拙者は狂人じゃ。そしてその返事がわしのまごころにふさわしいものだったら、わしの気違い沙汰も苦行も終わりをつげるが、もしそれに反するものだったら、わしはほんものの狂人になるが、そうなってしまえば、何ひとつわしは感じなくなるな[80]」。

これはどういうことだろうか。ドン・キホーテは今、自分は狂人であることを認めている。この手紙の返事を待つ間は、ドン・キホーテはみずから自覚している狂人である。狂人はみずからが今、まさに狂人であることを自覚しないからこそ、狂人であるだろう。その自覚があれば、心を病む病人であって、狂人ではないだろう。だからドン・キホーテは今、狂人ではないことになる。これはただみせかけだけの佯狂《ようきょう》の人であり、「狂人ではないのに、そうみせかけている」だけの正気の人間である。

ところが姫からつれない返事がきたとたんに、ドン・キホーテは自己についての意識を失うだろうと考えている。ドン・キホーテは「ほんものの狂人になる」のである。この狂人は、自分が狂人であるという意識をもたなくなる。ということは、この狂人は「狂人であるのに、そうではないとみせかけている」ほんものの狂気の人間になるということである。

㈣「狂気の相対性」のアイロニー

この「狂気の相対性」のアイロニーの言葉で示されているのは、狂気は正気と比較した相対的な状態であり、それが意識されるうちは正気であり、これが意識されなくなれば狂気であるということだ。この物語ではドン・キホーテは狂人ではなく、正気のうちに狂気を演じている「道化」なのである。この道化の振舞いが、この作品のアイロニーの中心的な要素を構成する。

周囲の人々は道化の演じる狂気をからかって楽しんだり、狂気を治療しようとおせっかいしたりするのであり、それがさまざまな笑いの渦を作りだす。他人はドン・キホーテが狂人だと信じている。しかし彼はみずからは狂人ではなく、狂人を演じて、他人を楽しませていると考えている。道化の役割はこの他者の認識と自己の認識の落差を生き、演じることにある。道化は狂気の二つのアイロニーの両方を駆使することで、笑いをとるのである。

ソクラテスのアイロニーは、無知であることを認識しているソクラテスが、すなわち無知の知を所有しているソクラテスが、実際には無知であるのにそのことを知らないでいるアテナイの市民の無知を暴くところから生まれた。ところがこの書物の主人公であるドン・キホーテは、みずからは狂人ではないことを知りながら、彼を狂人だと信じて彼をからかったり、彼の狂気を治療しようとする他者の無知を暴き、それと戯れるところから、このアイロニーが生まれると言えるだろう。

最後にドン・キホーテは死の直前になって「わしは今、自由で明るい理性をとりもどしている。あの騎士道に関するいとわしい書物をおぞましくもつづけざまに耽読したためにわしの理性の上におおいかぶさっていた無知という霧のかかったかげさえないのじゃ。わしは今にして、ああいう書物の馬鹿馬鹿しさと欺瞞とがようやくわかるのじゃ[81]」と明言する。ソクラテスは、町で人々にアイロニーの問いかけを行なうことを禁じられて、それでは自分の生きているかいがないと、毒杯をあおった。ドン・キホーテはもはや騎士道というアイロニーの芝居を演じる体力をなくして、道化の仮面を脱いだのである。

その意味ではこの小説はすぐれてアイロニーの小説であり、ユーモアは副次的な要素にすぎないと言えるだろう。牛島がユーモアを読者のうちにかもしだされるものにすぎないと考えたのは、不思議ではないかもしれない。ただしソクラテスとドン・キホーテには大きな違いがある。次にこの違いについて考えながら、アイロニーとユーモアの笑い関係を整理してみよう。

ソクラテスとドン・キホーテの違い

それではソクラテスとドン・キホーテの違いはどのようなものだろうか。その最大の違いは、相手にたいする姿勢の違いにある。ソクラテスは相手の無知を暴いて、自分の無知を自覚させ、同時に、これまで自分の生き方について真剣に配慮してこなかったことを自覚させ、それによって相手の生き方を変えようとする教育的な態度をとっていた。

しかしドン・キホーテにはそのような教育的な姿勢はない。ドン・キホーテはあくまでも仮面をかぶった道化として、自分の装った愚かしさによって相手の笑いを誘おうとする。これは教育的な配慮とは正反対であり、道化は相手に真の自己のあり方を認識させることを目指すことはない。ただ、相手からみた自己の姿の愚かしさを、相手とともに笑おうとするだけである。

ドン・キホーテの世界では、中世の民衆的な伝統に従って、笑いには大きな価値があると考えられている。ともに笑うことは、社会的な絆を作りだすという重要な価値のあることである。ドン・キホーテは道化の役割のもとで、人々に笑いを提供し、みずからを笑う。ドン・キホーテを狂気の人間とみなして笑う宿屋の主人とともに、ドン・キホーテはみずからの姿を茶化して、相手の笑いをともに笑う。

ユーモア

このみずからを笑いのめす笑いは、ユーモアとしての笑いと言えるだろう。ソクラテスに代表されるアイロニーと、ドン・キホーテにみえるユーモアは、しばしば対立したものとして考えられる。どちらも、超越的なまなざしから自己を眺めて、自己の卑小さをみずから笑うという特徴がある。この超越したまなざしという点ではこの二つの笑いは共通する。

しかしすでに考察したアイロニーの笑いでは、その超越したところから自己をみつめるまなざしは冷徹であり、客観的であり、ある意味では否定的である。超越したところからみたときに、自己の卑小さが実感されて笑うのである。あるいは他人が、その人物をみて、高いところからその低さを指摘して笑うのである。

これにたいしてユーモアのまなざしにはある暖かさがある。超越した視点から眺めて自己の卑小さを笑うのだとしても、意図的に自己を他人よりも低い位置において、他人と一緒になって自己を笑う。しかしその笑いは穏やかであり、客観的でありながらも、笑われている人物と一緒になって肯定的に笑うのである。

死刑囚のユーモア

ここでアイロニーの笑いのメカニズムとユーモアの笑いのメカニズムの違いを調べるために、フロイトが語った有名な死刑囚のエピソードにみられるユーモアを調べてみよう。この死刑囚は、月曜日に死刑の執行を迎えることになった。絞首台に向かいながら、彼は「おや、今週も幸先がいいぞ(82)」と呟いたのである。これがユーモアであることは、このまなざしが彼の一身にとっての一大事である死刑の執行について、自分を超越した他者のまなざしから眺めながら、自分を冷たく突き放すのではなく、やさしく保護していることからも明らかだろう。このユーモアによってこの死刑囚は、死に怯えながらではなく、朗らかな姿勢で、死を迎えることができるのである。

フロイトはこの超越したまなざしと、このまなざしが向けられる本人の関係を、大人と子供の関係で表現している。「子供にとっては重大に思える利害関係も苦悩も、大人はそれが無にひとしいようなものであることを知っていて、苦笑しているのである。ユーモアの語り手は、大人の立場に立ち、ある意味では父親と同一化して、他者を子供の位置にまで貶めることによって、優越的な立場を確保する(83)」というのである。

この大人のまなざしに保護されることで、死刑囚はナルシシズムを働かせることができる。死刑囚はもちろん、これから自分の死刑を執行しようとする現実の厳しさを鋭く認識せざるをえない。そして現実は彼にこれから、死刑台での死の恐ろしさを実感させようとする。ところが彼はその現実の鋭い刃の矛先を笑いによって、あっさりと身を躱《かわ》してしまうのだ。フロイトが指摘するように、「現実は自我に、みずからを苦しめよ、苦悩せよと誘うのであるが、自我はこの誘惑を退ける。そして外界から傷つけられないことに固執し、それを快感を獲得するためのきっかけとして利用できることを誇示するのである(84)」。そして周囲の人々も、このユーモアをみて、ある種の快感を獲得することになる。

周囲の人々は、その人が直面した現実の厳しさを認識しているだけに、「その人は怒りだすだろう、嘆くだろう。苦痛を訴えるだろう、驚愕するだろう、戦慄するだろう、おそらく絶望するだろうと予測しているのである。そして観察者あるいは聞き手は、その人物を見守って、自分も同じ感情を味わおうと準備している。しかしこの感情の発生を準備していた人は裏切られる。その人物は激しい情動を表明するのではなく、冗談を言うのである(85)」。

ドン・キホーテのユーモアの笑い

ドン・キホーテがこのユーモアの笑いを笑っていることは明らかだろう。風車と戦った後でも、羊の群れを悪魔とみなして襲った後でも、サンチョからあれは風車だ、あれは羊だと指摘されて、さまざまな言い訳をする。ここでサンチョはアイロニーのまなざしと笑いをドン・キホーテに向けていると言えるだろう。サンチョは風車が風車だという事実を客観的に「知っている」のだ。

しかしドン・キホーテは、サンチョのこのようなアイロニーの客観的で冷たく、否定的なまなざしにたいして、その正しさをおそらく内心では認めながらも、自己の愚かしさをともに笑いながら、自己を暖かく弁護することを忘れない。この自己をいつくしむユーモアのまなざしがあってこそ、ドン・キホーテはその後の道化の営みを続けることができるのである。ドン・キホーテは誰にたいしても自分の苦痛を訴えたりはしない。かえって、現実を茶化し、現実を幻想と見なして、幻想を現実と言いくるめる。一度でもサンチョと一緒になって、自己に否定的なまなざしを向けることはないのである。

もしもドン・キホーテが絶望するならば、読者はサンチョとともに、アイロニーの笑いを笑うだろう。そしてドン・キホーテの現実認識のちぐはぐさを、彼より高い視点から指摘して嘲笑するだろう。しかしドン・キホーテがその現実にまったく懲りず、自分の苦痛や苦難をユーモアの笑いで笑い飛ばしてしまうために、読者もその意外な反応に驚きながら、ドン・キホーテとともにユーモアの笑いを満喫するのである。読者や周囲の人物に笑いをもたらしたドン・キホーテは、ますます他者に笑いをもたらすみずからの道化の役割に満足して、あらたな災難と新たな笑いを求めて冒険をつづけるのである。

道化の笑い

いずれシェイクスピアについて考察する際に明らかになるように、そもそも道化というものは、アイロニーの笑いではなく、ユーモアの笑いをもたらすことで、その存在を認められているものである。道化がアイロニーの笑いを笑ったならば、笑われた人物はみずからの現実に直面させられて辛い思いをすることになるだろう。そしてその人を現実に直面させた道化は、厳しく罰せられるだろう。

道化は真実を語るが、その真実をアイロニーの鋭い剣によってではなく、ユーモアの暖かいまなざしのもとで、そしてみずからをとるに足らぬものとして卑下しながら語るのである。このため道化のもたらす笑いは許容されるのであり、道化の存在は許され、求められるのである。愉快な笑いに一片の真実がこもるところに道化の存在意義がある。ドン・キホーテもまた愚かな言動のうちに、わずかな真実をもらすことで、人々に愛されるのだ。

フロイトの解釈

フロイトはこのアイロニーとユーモアの違いに、超自我の二つの顔をみいだす。超自我はもともとのフロイトの理論では、心のうちに内面化された父親のまなざしとされていた。そのまなざしは厳しいものであり、自我はそれからみずからを保護するためにナルシシズムを必要とするほどである。この父親の仮借のないまなざしからは、自分に身を切るようなアイロニーの笑いしか生まれようがない。父親のまなざしで、自分の卑小さと愚かしさを笑うしかないのである。

ところがユーモアの笑いから明らかになるのは、超自我はこのきびしいまなざしとは違う暖かいまなざしもそなえているということである。超自我はたしかに超越したまなざしによって自我に語りかけるが、厳格な父親としてではなく、暖かく保護する母親のような口調でこう語りかけるのだ。「ごらん、これが世の中だよ、とても危険なものにみえるだろう。でも子供の遊びのようなものなのさ、冗談で笑い飛ばしてごらん」[86]。

なお、すでに考察してきたように、ドン・キホーテがときに自らの狂気を自覚し、みずからを狂人と語ることがあるのは、ドン・キホーテのうちでこの父親としての超自我が語り始めるときだと考えることができるだろう。無意識のうちに、この超自我のまなざしが顔を覗かせたのだと考えられる。

ところで厳しいはずの超自我にどうしてこのようなナルシシズムを育成し、自我を保護するような顔があるのか、フロイトにも謎だったらしい。「超自我については、まだ学ぶべきことが非常に多い[87]」と語るだけである。しかしこのユーモアの笑いには、「何か人の心を解き放つような性格」が、どこか「鷹揚なところ、心を高揚させるようなところ[88]」があるのはたしかである。アイロニーとは異なるユーモアには、そもそもそのような性質があるのだ。セルバンテスの『ドン・キホーテ』が現代においてもなお多くの読者を獲得しているのは、そのユーモアの笑いの質の高さによるのだろう。この笑いは誰にでももたらすことができるものではない。「これはきわめて稀で貴重な才能であって、自分に与えられたユーモアの快感を享受することができない人も多い(89)」のである。このような稀少な笑いを提供する『ドン・キホーテ』の笑いの秘密はここに隠されているのである。

第四節　シェイクスピア

道化の役割

ドン・キホーテはすでに考察したように、騎士道の騎士の理想をそのまま信奉しているかのように振る舞う佯狂の道化として人々の笑いを集めた。ルネサンスのこの時代に、道化は重要な役割をはたしていた。道化は、半ば狂気の者として、真理との不思議な結びつきを維持している者とみられていたからである。

古代から、狂気はふつうの人間には許されない秘密の真理を認識させる力があるものと考えられてきた。プラトンが語っているように、狂気は神との通路を作りだすのである。その伝統のもとで、中世末期からルネサンスにおいて、狂人は舞台の中央に登場する。フランスの思想家のミシェル・フーコーが指摘するように、「〈笑劇《ファルス》〉や〈阿呆劇《ソティ》〉では、〈馬鹿《フウー》〉や〈間抜け《ニエ》〉や〈阿呆《ソ》〉の人物がますます重要さをます。この種の人物は、もはや単に、片隅にいる滑稽でなじみ深いシルエットのごとき存在ではなく、真実の保持者として舞台の中央に位置をしめる[90]」ようになるのである。

　この時代に道化は、お仕着せの道化服を着せられて、宮廷や貴族の家で「飼われる」存在だった。シェイクスピアの『十二夜』では、しばらく姿を隠していた道化は、主人の侍女から「黙ってお邸をあけたんだから、お姫様はきっとお前を縛り首になさるだろうよ[91]」と脅されている。道化は「してもらおうじゃないか。この世でみんごと締め殺していただけりゃ、向かうところ敵なしだあね[92]」と平然としているのだが。

　もちろん道化が邸宅を留守にしたぐらいで縛り首にはならない。せいぜいお役御免になるくらいである。この折も道化は、主人から「阿呆をあっちへと連れておゆき[93]」と家来たちに命じられたが、家来たちに連れてゆかれるどころか、逆に阿呆という言葉を主人に読み替えて、「聞こえないのか、みなの衆? お姫様をあっちへ連れておゆき[94]」と家来たちに命令することで、主人の勘気を許される。主人と頓知の「教義問答[95]」を展開することで、阿呆であるのは主人であることを証明するからである。

だから道化の重要な役割は、正常だと信じている主人が反対に阿呆であり、阿呆であると信じられている道化が実は賢い者であることを示すことにある。「智恵よ、こいねがわくば、おれに立派な阿呆をやらせておくれ。手前じゃ智恵者だと思っている奴に、とかく阿呆がいるものだ。それにしてみりゃ、智恵なんかありっこねえはずのこのおれが、智恵者で通らねえもんでもあるめえ(96)」ということになるからだ。

道化と狂気

しかし道化も、真理そのものを正面から語ることはできない。狂気を装い、狂気の一端に触れながら、しかも狂気の罠をすりぬけて、真実の言葉を語らねばならない。ほんものの狂人であっては、宮廷で飼われることはできない。それでいて狂気を知らないふつうの人間には道化を演じることはできない。この狂気の量の処方が、道化の業の勘所《かんどころ》である。

道化は狂気に近いところにいながらも、決して狂気に陥ることもない者であり、正気の人間が狂気に陥ることを防ぐ役割をする者である。「狂気が、各人を盲目状態にさそいこみ、身をほろぼさせるのに反して、馬鹿《フウー》は各人にその真実を思いださせる(97)」のである。そこに道化の価値と役割がある。また道化はアイロニーのまなざしをもって主人をみつめているが、アイロニーの言葉をそのまま語ることはない。みずからは道化として、ある種の狂人として、阿呆として自らを貶めた上で、その立場からのみ語りうるおかしみの笑いを誘うようなユーモアの言葉で語り、それによって主人が狂者の振舞いをするのを防ごうとするのである。この道化のもたらすユーモアの笑いは、その笑いの対象にされた者に、自己への内省を誘いだす。道化のユーモアは逆説的な形で、ソクラテスのアイロニーに似た働きをする。こうした笑いには、真理を認識させるという重要な役割がそなわっているのを忘れてはならない。

道化劇としての『リア王』

ドン・キホーテは最後に、自分の道化の愚かしさを自覚し、道化の役割を放棄してしまう。彼は狂気から覚めたのである。しかしそれはある意味では別の狂気の始まりだった。道化であれば狂気になることはなかっただろうが、それを放棄することで別の狂気の道に入り込んだのである。「彼の狂気が、このように突然、智恵をしめしたことは、〈彼が何か新しい狂気にとらえられた〉ことにほかならないのではあるまいか[98]」という疑いが生まれたのだった。

『ドン・キホーテ』と同時期に書かれたシェイクスピアの『リア王』はある意味では、この『ドン・キホーテ』を裏返しにした悲劇である。リア王とドン・キホーテは正反対の像となっている。ドン・キホーテは、佯狂の営みから「正気」に戻り、そしてその正気のはてに、道化がなるはずのない別の狂気に入っていった。『リア王』では、正気であるはずのリア王が狂気のうちに転落し、その狂気のうちにあって真理に到達するからである。

悲劇である『リア王』は、奇妙なことに道化の劇なのである。この劇には実に三種類もの道化が登場する。本職の道化、リア王、エドガーである。あるいは「反・道化」として、道化の役割を演じるコーディリアをいれれば、四種類の道化が登場するとも言えるだろう。

反・道化としてのコーディリア

最初の三人は明確に道化として規定されているが、父思いの娘であるコーディリアを道化とみなすのは、論外だと思われるかもしれない。しかしこの劇でコーディリアは、あまりに道化の対極の立場から語るために、かえって道化に近い存在になっているのである。

まず冒頭の有名な場面で、彼女は王から愛とへつらいの言葉を語ることを求められる。この時、彼女はその言葉を語ることを決然と拒否する。「わたしは真心を口先まで持ち出すことができません。お仕えはいたします。親子の絆《きずな》にしたがい、それ以上でも以下にでもなく」(99)というのが、彼女の言い分である。

ここでコーディリアは、表向きは道化の役割を拒否しながら、裏では道化が語るべき真理の言葉を語ろうとしているのは明らかだろう。「真心を口先まで持ち出すことができません」という言葉は二重の意味で逆説的である。コーディリアは姉たち二人の心底を知り尽くしている。二人の言葉は真実の心を語ることを装いながらも、真実の心とは遠いことを語っていることを熟知しているのだ。だからこそここで、真実の心は「語るべきでないもの」なのである。それでも姉たちは、父親の望む言葉を口にしようとするだけの心遣いはしているのである。

それならば、真理など語らずに姉たちの真似をしていればよいのだ。ところがコーディリアは真理を語ってしまう。語らざるをえないのである。結婚したならば、「その主人がわたくしの愛情も、心づかいも、義務をも、半分はもってゆくことになりましょう」[100]。だから夫をもつ身としては、父親を愛するのは「親子の絆にしたがい、それ以上でも以下にでもなく」というのは、心の中では誰もが認めるはずの真理である。

しかしコーディリアは道化ではなく、父親を愛する娘であるのだから、この真理を口にすべきではなかった。役柄が違うのだ。そして道化ではなく娘の口から語られたこの真理は、娘たちに口先だけの愛の言葉を求める父親の気持ちを逆撫でしてしまい、父親の心を察して、父親の求めることを語った姉たちの気持ちを逆撫でしてしまう。父親も姉たちも、コーディリアのアイロニーの言葉に太刀打ちできない。しかし超越的な立場からアイロニーの真理の言葉を語るためには、真理の言葉を語っても許されるための条件というものが必要なのである。そのような条件を満たしていないコーディリアは、それを道化ではなく、一人の娘として語ってはならなかったのだ。

宮廷においてこの言葉を語れるのは道化だけである。宮廷に飼われた狂人に近い存在である道化という位置からしか、こうした真理の言葉を語ることは許されないのである。この道化という場所からであれば、どれほど相手にとって辛い真理の言葉を語っても許される。コーディリアは道化としてユーモアで包んで語るべきアイロニーの言葉を、娘としてユーモアもなしに、抜き身の刃をふりかざすかのように語ってしまったのである。自分が道化とひとしいことを語ろうとしていることに気づかぬままに、反・道化として道化の言葉を語ってしまったコーディリアには、厳しい仕打ちが待っているだろう。

コーディリアは父親の怒りを買ってしまったことに弁明しようとして、「心にもないことをへらへらと口先だけうまくしゃべれないことがわたしの至らぬところでございましても、〔中略〕いつも物欲しげな目つき——持たないことがうれしい弁舌、それを持たないためにご機嫌を損じたのでございます(101)」と弁明する。

この弁明は、彼女が自分の失敗を自覚したことを語っている。コーディリアの真心は、その場の道化にも、他の多くの人々にも周知のことである。ただ彼女は、その真心を語るべき状況と文脈を間違えたのだ。アイロニーの言葉は、そのままで語られたときには、むきだしの剣のように人々の心を傷つけるのである。道化になりそこねたコーディリアは、言葉の辛辣な意味で「道化」なのである。

悲劇の構成

さて『リア王』に登場する三人の道化について調べてみよう。この劇は二つの家庭の悲劇として構成されている。王家であるリアの家庭の悲劇と、リアの次女リーガンの領土を受け継いだ婿のコーンウォル公に仕える一人の伯爵にすぎないグロスター伯の家の悲劇である。リアの家庭は、長女のゴネリル、次女のリーガン、三女のコーディリアで構成され、グロスター伯の家庭は、嫡男のエドガーと庶子のエドマンドで構成される。この二つの家の悲劇が、ある意味では逆対照で、しかし構造的にはそっくりの形で構成されているのは明らかだろう。どちらの家も、父親が子供に裏切られ、暗澹とした死を迎える。

そしてどちらの家にも、父親を裏切る子供と、父親を助ける子供という両極を形成する子供たちがいる。またどちらの家でも悲劇的なことに、父親は自分を裏切る子供を信じ、父を愛し、助けようとする子供を否定し、追放する。

しかしこの二つの家庭の悲劇のあり方は、きわめて対照的である。リアの家では、父親の勘気をこうむったコーディリアが義絶された後に、ゴネリルとリーガン、とくにリーガンが父親を裏切り、虐待する。リアの家庭では子供たちは女性であり、年長の姉たちが父親を虐待し、末娘が父親を助けるのである。父親は直接には殺されず、娘のコーディリアが殺される。父親は娘の死をみとる。そしてリアはその死を目撃して心痛のあまり死ぬのである。

ところがグロスター家では庶子のエドマンドの陰謀で、嫡男のエドガーが父親から追放された後に、エトマンドが父親を裏切り、父親は盲目にされてさ迷う。この父親を助けようとするのが、追放されたエドガーである。グロスター家では子供たちは男性であり、年少の弟が父親を裏切り、兄が父親を助ける。父親は殺され、息子のエドガーは殺されない。息子が父親の死をみとる。そして息子はこれから父の地位を受け継ぐことになるのかもしれない。この二つの家の悲劇はこのように、ほぼ完全にたがいの裏像を形成している。ただしどちらの家でも、主要な人物が道化の役割を果たすという重要な共通点がそなわっているのである。

道化の第一の手法――謎かけ

それではまずこの『リア王』という悲劇において、本職の道化がリアをやり込め、真実を語りつづけるその手法を調べてみよう。『リア王』の道化はきわめて饒舌である。しかしたんに言葉が多いだけではなく、その手法も豊富である。

道化の第一の手法は、「なぞなぞ」や謎かけである。この劇の道化は、真理を語りだす前に、謎をかける手法を好んで使う。「なぞなぞ」や謎かけは、たんに真理を一方的に説明するのではなく、説明する前に相手にその真理を見抜くように挑戦するという効果的な手法である。またときには、道化もその答えを知らないが、別の比喩で真理を語るために、なぞなぞという手法を使うこともある。

この劇では道化は、主としてこの謎かけよってリア王に語りかける。道化がリア王に投げかける最初の謎は、「口のわるい道化と甘ったるい道化とのけじめは、小僧さん、おわかりですか[102]」である。

道化の第二の手法——「ひっくり返し」

この謎かけにリアは「知らんよ、若いの、教えてくれ[103]」と素直に尋ねる。そこで道化が使うのが、「ひっくり返し」という中世のカーニヴァル以来の伝統をうけついだ手法である。リア王は「甘ったるい道化」、すなわち道化になりそこねた道化にほかならないことを、道化は鋭く指摘する。道化は、「縦縞模様のお仕着せ[104]」を着た自分が口のわるい本物の道化で、リアは「甘ったるい道化」であることを喝破するのである。マクベスの魔女なら、「きれいはきたない、きたないはきれい[105]」と、ただ逆転するだけで、説明を一切省くが、道化は道化であるからには、王様が道化である理由を説明しなければならない。

「だってほかの肩書きはみんなお譲りになったのだから、もって生まれたのはそれだけ[106]」

というのが道化の説明である。リアは王の地位を放棄してしまい、今では娘たちの宮廷で養われている道化にすぎない存在になっているのに、そのことを自覚しておらず、娘に威張り散らして嫌われている道化のような存在であることを、道化は暴くのである。

だから王は今や三重の意味で愚かしさを露呈してしまった「甘ったるい道化」である。第一に、王が王たりうるゆえんの王位を、生前に娘たちに譲り渡してしまったという愚かしさのためにである。第二に、自分が今では道化のように娘に養われていることを自覚していないという愚かしさのためにである。第三に、その自覚が欠如しているために、娘の宮廷であたかも王のように威張っているという愚かしさのためである。

ほんものの道化は、道化として、自分の愚かしさで養われているという身分を認識している。これが口は悪いが、真理を語る「口のわるい本物の道化」である。しかし王は自分が道化と同じように愚かしさで養われているという真理を認識できないために、愚かな「甘ったるい」道化になっているのである。

この劇に登場するほんものの道化はついでに、他の貴族たちや王の娘もまた道化であることをほのめかす。「殿様方やお歴々はわたしだけを道化にはさせません。わたしが特許権を授かっても、少々株を分けてくれとおっしゃるでしょう。ご婦人方もです、道化役を全部わたしにもたせることはなく、結局引ったくってゆくでしょう」[107]。そのように考えれば、追放されたのに、変装して王に使えているケントも道化であり、父を愛する愛娘の役割をもはや演じきれなくなってきた長女のゴネリルも道化である。

道化の第三の手法――比喩

道化はすぐに次の謎かけを始める。「おじちゃん、玉子を一つ下さいませんか。そうすりゃ、二つのお冠をあげますよ」[108]。これは「一つの玉子から二つの冠を作るにはどうすればよいか」という謎かけである。リアはすぐに「どんな冠が二つ」[109]と尋ねる。この時期にはまだリアは頭のめぐりが良いのだ。

もし玉子をきれいに二つに割って、中の黄身を白身とともに食べてしまったとしたら、何が残るだろうか。割れて二つになった玉子の殻である。この殻は半球形で、小鳥の頭に載せれば、まるで冠のようにみえるだろう。しかしもしも玉子の中身の白身も黄身も、すなわち領地も権力もなくなってしまっているのならば、この冠は無価値である。無価値であるだけでなく、かつては大切なものを蔵していたことを思い出させるだけに、失われた王の権力の名残りの空しさにつきまとわれた王冠である。

道化はこの最初の玉子の比喩に、すぐに第二の比喩をつづける。「お冠を真ん中から裂いて両方をお譲りになったときに、驢馬をかついで泥路をあるいたというわけですね」[111]。この比喩は「プリポステラス」、すなわち後《ポスト》にあるべきものを前《プリ》に置くという伝統的な不条理を表わす比喩である。馬に曳かれるために馬の後ろにあるべき馬車を、馬の前にだす愚かしさを示すものである。ここでは第三の技術である「ひっくり返し」の技術が使われている。道化は、王の領土と権力を譲るという行為は、驢馬に乗るべき王が（馬ではなく、騾馬にすぎないことに注意しよう）、驢馬をかついで泥道を歩くことにひとしいこと、すなわち娘に権力を振るうべき父親が、娘に権力を振るわれていることを直言するのである。そのことを道化はまた、「車が馬を曳く時は、驢馬にだってわかるじゃないの[112]」と再確認する。車はすなわちリア王であり驢馬はすなわち娘のゴネリルである。

もう少しあとでは、玉子ではなく「智恵の皮」という比喩が使われる。「あんたは両方の側から智恵の皮をむいたもんだから、真中には何も残りゃしない。そうら、むいた皮が一つ来ましたよ[113]」。そこに「むいた皮の一つ」である長女のゴネリルが登場する。智恵は皮についていってしまい、今ではリアがもっていた智恵を働かせているのは、「智恵の皮」の領地をもらった娘のほうであり、父親には働かせるべき智恵もないのである。

道化はこれらの比喩と結びつけて、すぐに第三の「ひっくり返し」の技術を使う。「黄金の冠を譲ってしまったときには、薬罐《やかん》あたまには智恵がなかったのですね[114]」。智恵があるべき頭に智恵がないならば、それはそもそも頭ではなく、水の入っていない薬罐のようなものにすぎない。その判断を下したときには、リアの首の上に乗っていたのは頭ではなく薬罐でしかなかった。それではそのとき、頭はどこにあったのか。

後で語られるように、頭は人間の一番上の頭部にではなく、一番下の足のところにあったのである。道化は、泥道を歩く足に頭があったのでは、「だれかの脳髄が踵《かかと》についているなら、あかぎれの心配はありませんか(115)」とリアに念を押す。リアは認める。「うん、あろうな」。リアは自分の頭のあかぎれを心配しなければならない事態になったことを認めざるをえなくなったのである。

そこで道化はまたひっくり返しの技法を使う。「今言っていることが道化の言い草らしくとも、鞭でうたれるのは、そりゃそのとおりとまっ先に気づく人ですよ(116)」。道化はこれを歌にする。「ことしゃ道化の損な年、智恵ある人が馬鹿になり、智恵の使いかた忘れてしまい、人まねこまねだけだもの(117)」。もちろん「人まね」とは道化の真似である。リアだけでなく、コーディリアまでもが道化のまねをして、愚かな行為に走るのである。

ときには、謎かけが、別の比喩を呼びだすための手段にすぎないこともある。「牡蠣がその貝を造る方法いかん、おわかりか(118)」。この答えは道化も知らない。この答えは自然のメカニズムについての科学的な知識に属するものであり、道化の担当ではないからだ。道化が知っているのは、「なぜ蝸牛《かたつむり》に家ありや(119)」である。この答えはもちろん、「頭を突っ込むためですよ。それを娘たちにやっちまって、角《つの》をしまい込む殻がなくなるようにはしないためですよ[120]」である。

道化の第四の手法――直言

次に道化が使う直言という技法は、ほんらいの道化の手法というものではない。ただひたすら、真理を語っても、言い過ぎたら鞭をもらうくらいで許されるという道化の特権、あるいは義務を行使するだけである。道化はゴネリルに向かってリアを指差しながらこう言う。「ありゃ、皮だけの莢豌豆《さやえんどう》です[121]」。中身は、領地も王権も智恵も、他者に食べられてしまったのである。またリアが「言ってくれる者はいないか、わしが何者かを[122]」と尋ねると、「リアの影法師さ[123]」と即答する。リアは「あなたは国王です」という答えを聞きたかったのだろうが。

娘に裏切られたことを完全に自覚したリアに道化が語る言葉も、またこの直言に含まれるだろう。「あんたは、娘さんのおかげで、一年中不足のないほど、ありますぜ、金銀、呻吟《しんぎん》、両方が[124]」。

リア王が荒野を徘徊する第三幕では、エドガーが佯狂の道化として登場するために、ほんものの道化はその輝きを失い、まっとうなことを語りつづける。そして老王のからだを心配するのである。道化としては、せいぜいすでに語った比喩を語り直すだけであり、あまり道化の本領は発揮できない。「胸にいだいておくべきものを、爪先などにつけて歩けば、まめのいたさにうめき立て、眠るどころか泣きあかす[125]」。かつては「あかぎれ」という将来の心配だったものが、今では「まめのいたさ」という現実の痛みになっているところが違うだけなのだ。

リアの第一の愚かしさ

最後に、この悲劇の第二の道化であるリアがどのようにしてみずからの道化としてのあり方を自覚してゆくかを考察しておこう。すでに道化の項で確認したように、リアは自分がどの娘にどの領地を与えるかという「娘選び」の場で、三つの大きな愚かしさを犯している。そして自分が道化のような愚かしい振舞いをしているのに、そのことを自覚していないのだ。

第一に、娘たちを結婚させて、それぞれに領地を分け与え、自分はまったく権力も領地もなしに、百人の騎士たちとともに娘たちの領地を順に巡回するという決定は、愚かしいものであった。まともな常識をもっている人間ならそのようなことを決めはしないだろう。諫めはしてもこのリアの愚行を思いとどめさせることのできなかった忠臣のケントも同罪である。

娘の愛についての三つの盲信

リアがこのような決定を下したのは、彼が娘の愛について、三つの盲信を抱いていたためである。まずリアは、自分の娘たちが自分を愛していることを盲目的に信じていた。そして自分を愛している娘であれば、親を粗末に扱いはしないだろうと考えた。「愛は愛する者を大切に扱わせる」、これが愛の本質についてのリアの第一の盲信だった。

リアがこのように考えていたのは、領地を与えるための条件として、自分をどれほど愛しているかという告白を求めたことからも明らかである。愛するという言葉が、愛するという行為を伴うと信じること、愛すると語ることは心の中の真の愛の現われだと信じること、「愛の言葉は愛の現われである」、これが愛の表現についてのリアの第二の盲信だった。

さらにリアは、父親を愛していると語る者が、父親に忠実に仕えると信じ、愛していると語らない者は、父親を粗末に扱うと信じた。愛すると語らない者こそが、父親に仕える者である可能性を考えることができなかったのである。「愛の言葉は、愛の行為を伴う」、これが愛という行為についてのリアの第三の盲信である。

コーディリアの指摘

このリアの三つの盲信を、コーディリアは気づいている。「コーディリアは何と言おう。

孝行はするが、黙っていよう」[126]という言葉は、第三の盲信の愚かしさを指摘している。「心にもないことをへらへらと口先だけうまくしゃべれない」[127]という言葉は、第二の盲信の愚かしさを指摘している。「いったん心掛けたことは、言うよりも、さきに行うつもりでいる」[128]という言葉も、第二の盲信の誤謬をその反対側から言い直したものである。

また「わたしも結婚すれば、ちぎりを結ぶその主人がわたくしの愛情も、心づかいも、義務をも、半分はもってゆくことになりましょう」[129]という先に引いた言葉は、第一の盲信の愚かしさを指摘している。この信念が正しいならば、父親のリアに与えられる孝行は、夫への愛情の深さによって削られるのであり、夫への愛よりも父親への愛の深さを信じるリアの愚かしさが明らかになるのである。

リアの第二の愚かしさ

このような愚かしさによってリアは道化にも似た存在になっていた。そして真実を語るコーディリアの真意を認識できず、父親を愛するという言葉を飾ることをしなかった末娘と縁を切ることを決定するのである。これが父親の「娘選び」における第二の愚かしさである。この愚かしさは、これまで列挙してきた三つの盲信が当然のようにもたらしたものである。

そもそもリアがこのような「娘選び」をしたがったのは、言葉によって娘の愛を確認したかったからであった。リアは老人になってなお、女性から愛の告白を聞きたがったのである。ここでは女性は娘であり、たんなる肉親の愛のようにみえるが、フロイトが指摘するように、「老人が三人の女性から一人を〔妻として〕選ぶというのは考えにくいことであるから、これらの三人の女性が娘として登場しただけである(130)」と考えるべきだろう。リアは自分がまだ女性に愛されうることをどうしても確かめたくなって、このような娘選びを始めたのだ。そして自分がまだ愛されうる存在であることを確認したいという自己愛の盲目さが、このような決定を下させたのである。

リアの第三の愚かしさ

リア王の第三の愚かしさは、主君を諫めるケント伯の言葉の正しさを認めることを拒んだことである。これは真実の言葉を聞く耳をもたないというリアの愚かしさを示すものであった。そして「国王の実権がどのようなものか思い知れ(131)」と、自分の権力をふりかざして、忠臣を国外追放にすることで、自分の権力に溺れたのである。その権力がどの程度のものにすぎないかは、この劇がやがて明らかにしていくだろう。

要するにリア王は、女性からの愛と自分の権力の強さを確信したいがために、コーディリアを義絶し、ケント伯を追放する。その自己愛の強さと、自己の権力への盲信の強さが、リアを盲目にし、道化にするのである。ここでリアは自分が強く、愛され、正しいと信じている。しかし実際に行なっていることは道化の振舞いである。リアは思っているほどには愛されておらず、信じているほどには強くなく、まったく正しくもないことを他人からすでに見抜かれているのに、そのことが自覚できないのは愚かしい道化のような振舞いである。

自己認識への最初の一歩

リアが長女の領地に滞在する際に、どのように道化として振る舞ったかは、すでに考察してきた。しかしリアは自分が道化として振る舞っていることを自覚できない。その理由は第一に、王が王でありうるゆえんの王位を、生前に娘たちに譲り渡してしまったという愚かしさのゆえであり、第二に、自分が今では道化のように娘に養われていることを自覚していないという愚かしさのゆえであり、第三に、その自覚が欠如しているため娘の宮廷であたかも王のように威張っているという愚かしさのゆえである。すでにリアを追いだすことが企てられているのに、「一瞬たりとも食事を待つこと相成らん[132]」などと威張り散らしているのである。

しかしリアが道化であるからには、彼を道化にした娘がそのことを指摘することになるだろう。ゴネリルに言い含められている執事は、リアに「わしを誰だと思いなさる[133]」と尋ねられると、国王ですと答えるのではなく、「奥方の父様ですね[134]」と答える。不満を述べるリアにゴネリルは「おつむの中は立派なお智恵でいっぱいなのですから、それをお用い下さいませ。そして正しい道から近頃は横道へ迷いこんだお心持を棄てていただきましょう[135]」と諌める。

この冷たい言葉は、リアに最初の自己認識のきっかけを与える。リアは自分が誰なのか分からなくなるのだ。「ここに誰か、わしを知っている者がいるか。ここにいるのはリアじゃない。こんなふうにリアが歩くものか、話すものか。リアの目がどこにある。意見が鈍ったのか、見さかいもなくまどろんでいるのか。醒めているのか[136]」。

やっとリアの目が自分の真の姿に向かったのである。そして自分の一番上の娘であるゴネリルに向かって「お名前は何とおっしゃいますか、奥様[137]」と尋ねてみせる。しかし父親を愛することの少ないゴネリルはこの言葉のもつ深い意味に気づかず、立腹するばかりである。「その白ばくれ方が、ほかにも、近頃お気が変だというご様子がたくさんあるしるしです[138]」と、リアを狂人として扱おうとし、リアの供の騎士たちを勝手に減らしてしまうと断言するのである。

しかし狂人扱いされ、領地を分配したときの「契約」を無視することを宣言されたリアは、生まれ始めたばかりの自己認識を放棄し、たちまちもとの道化にたちもどる。「腐れ根性の脇腹め、世話にはならんぞ。まだほかにも娘がある」[139]。この言葉は、リアの自己認識にいたる道がまだまだ遠いことを、ありありと物語っている。

怒りと狂気

リアがこの段階で恐れているのは、自分が道化になることではなく、狂気になることである。リアはまだ自分がまともな判断力をもった人間であり、道化などとは縁遠い存在だと信じている。しかし彼にも自分で制御できないものが一つある。怒りである。リアはこの怒りについて、「ああ癪が胸に押し寄せてくる」[140]と嘆く。

そして「ああ、この胸、このむかむかする胸、さがりおれ」[141]と自分の胸に命令する。そして道化にたちまち、「胸にどなりつけるのは、気取った料理女が生きたままの鰻《うなぎ》を饅頭《まんじゅう》の皮で包むときに、きゃっというようなもんだね」[142]とからかわれる。避けがたいことから上品ぶって目を背けようとしても無駄だと言われているのである。

リアを破滅させるのは、この制御しがたい怒りである。この怒りがリアの理性を失わせ、ついに本物の狂気にいたらせる。リアはそのことを予測している。「天よ、われを狂人にはなしたもうなかれ、狂人には。正気を保たせたまえ。気ちがいにはなりたくないものだ」[143]と。

リアには狂人は道化よりも低いものと思えている。しかしリアは狂気を通過することによってしか、自分を道化のようにしている自己への盲目から解放されることはできないのである。

狂気に向かうリア

リアは次女のリーガンのもとを訪れ、長女からうけた侮辱をはらそうと考えている。しかし次女は長女を上回る冷酷さを示す。父親に向かって、「よる年波にお元気ももう尽き果てようというご高齢ですが、ご自分よりももっとよくご事情の分かる分別盛りの者に万事お任せになり、お頼りになるほうがよろしうございます(144)」と、責任能力まで否定してしまうのだ。

こうしてリアは娘たちの裏切りと、自分の置かれた状況を明確に把握することになる。そして神に語りかける。「わたくしは哀れな老人であります、悲しさは胸に充ち、齢は傾き、どの道みじめな者であります(145)」。しかしそのことをまだうけいれることができない。ただちに神に、「私をおめおめと忍従させるほど、愚弄はしないでください(146)」と願うのである。

しかし娘の宮殿でいばり散らしていたリアは、「お嬢様、私はいかにも老いぼれです、老人はごくつぶしです、膝をついてお願い申し上げます、着物、食べ物、寝床までおあてがいくださいますよう(147)」と嘆願せざるをえない窮地に自分を追い込んだのが、みずからの権力愛と自己愛であることにはまだ気づいていない。

そしてリアはこの娘たちの「愛情」に頼っている自分の状況についての正しい認識と、こみあげてくる怒りのはざまで苦悩する。リアを狂わせるのは、たんなる怒りではない。正確な認識をもちながら、怒りのためにそれをうけいれることができないで、心を引き裂かれるのだ。「お前たちはわしが泣くだろうと思っている。泣くもんか……泣くだけの理由は十分にある。しかしこの心臓が幾万にも千切れてしまってからでなければ、わしは泣かん。……ああ道化、気が狂いそうだ(148)」。

狂気から道化へ

娘たちの城を離れて彷徨《さまよ》いながら、荒野で佯狂のエドガーと出会い、架空の裁判で娘たちを裁くリアは、みずからは「ああ、そう考えると気が狂いかける。それは避けたい(149)」と語りながらも、もっとも深い狂気のさなかにいる。しかしこの狂気のうちでこそ、初めてリアには人間の真実がみえ始める。裸のエドガーをみて、リアは「ほ、ここにいる〔リア王とケント伯と道化の〕三人は皆つくり物だ、本物はお前だけ。着飾ることをしなければ、人間はお前のようにあわれな、裸で、二本足の動物にすぎない。脱いでしまおう、こんな借物は。おい、このボタンを外してくれ(150)」と、衣服を引き裂き始める。

ここでリアはこの狂気を経験することで、真の道化になり、自分の真の姿を認識する。そして道化として振る舞い始める。狂気が解放をもたらし、道化の知へといたらせたのだ。ひそかにこの地を訪れたコーディリアが調べたところでは、「荒海のように荒れ狂い、声高々と歌をうたい、頭には伸び放題のカラクサケマンや畑の雑草、犬牛蒡《いぬごぼう》、毒ニンジン、イラクサ、ハナタネツケバナ、毒麦、それから食料になる穀物のあいだに生いしげるやくにもたたない草を冠っておられるとのこと(151)」という振舞いをしている。これはまさに本物の道化の振舞いである。

この道化としての振舞いは、リアに十分な理性があることを示している。この行動はたんなる状況の正確な認識を示すだけではなく、それを道化のやり方で示しているからである。王冠とは何か。まったく無益なもの、雑草や食べられるようにみえて食べられない犬牛蒡のようなものにすぎないものである。それだけではなく、その王冠の力を信じることは身を滅ぼさせるもの、危険なものである。それは人を傷つける棘のあるイラクサであり、食べられそうにみえて食べると死んでしまう毒ニンジンであり、毒麦である。

王であるようにみえるが道化であること、外見がじつはその正反対のものであることを示すのは、カーニヴァル以来の道化の手法である。さらにこのことを言葉で直言するのではなく、仕草で示すことは、優れて道化の智恵である。相手に考えさせるからである。これは同時にかつての自分への鋭い批判でもある。外見は「ご狂乱のため分別もなくなっていらせられる(152)」ようにみえるが、リアは深いところでは正気である。初めて正気に立ち戻ったのだ。

リアがコーディリアに会う直前の盲目のグロスター伯との会話は、完全に道化の言葉である。あるときは権力を批判する。「百姓の犬が乞食に吠えかかるのをみたことがあるだろう。〔中略〕そしてその人間〔乞食〕が子犬から逃げ出すのをね。そこに、権力を握る者のえらい姿があるんだ。犬でさえも役柄を笠に吠えれば、人間を追い払うのだ[153]」。

あるときはリアは道化のように助言する。リアは盲目のグロスター伯に「ガラスの目玉を入れるがよい。そして下劣な策士のように、見えもしないのに、何もかも見えているふりをするがよい[148]」と語る。どちらも口調を変えれば、優れた道化の言葉として通用する。正気のエドガーがリアについて、「中身のあることもないことも、ごちゃまぜだ。狂気のうちにも正気がある[155]」と語るとおりである。

解放と死

リアがコーディリアと出会った時に、リアの解放が訪れる。そして狂気と道化を経てきたリアが初めて、正気の言葉で自己認識を語り始める。真実の愛を示した末娘のコーディリアを前に、もはや道化の言葉を語る必要がなくなったのである。ただし「わたしをご存じでございますか[156]」と尋ねるコーディリアに「あんたは亡霊だ、いつ死にました[157]」と尋ね返すリアは、まだ道化の片鱗を残している。ここは地獄だという認識を語っているからである。そして狂う前のゴネリルに語った言葉、「お名前は何とおっしゃいますか、奥様[158]」を反響させている。

しかしそれは一瞬のことであり、リアは理性の言葉を語り始める。「わしはまことに馬鹿な、たわいもない老人で、八十を超えたが、一時間でもそれよりは多くも少なくもない。そしてありていに言えば、わしはどうやら正気ではないようだ。あんたもまたこの人も、わしは知っているように思うが、どうもしかとはわからん[159]」。

この言葉は、物語の最後の死の床の場面で自己認識を語ったドン・キホーテを彷彿とさせる。ドン・キホーテは「わしは今、自由で明るい理性をとりもどしている。あの騎士道に関するいとわしい書物をおぞましくもつづけざまに耽読したために、わしの理性の上におおいかぶさっていた、無知という霧のかかったかげさえないのじゃ。わしは今にして、ああいう書物の馬鹿馬鹿しさと欺瞞とがようやくわかるのじゃ[160]」と語ったのだった。

最後の場面は、捕虜にされたリアとコーディリアの対話である。リアはコーディリアと牢獄につれてゆかれるのを喜んですらいる。しっかりとした愛情で結ばれていれば、どんなところでも恐れることはないと覚悟したからである。「いやいや牢屋へいこう、さ。ふたりだけで籠の中の鳥のように歌おう。そなたがわしに祝福を頼む時に、わたしは膝をついて、恕《ゆる》してくれとそなたに頼もう。そういうふうに暮らし、祈ったり、うたったり、昔話をしたり、金ぴかの蝶々どもを笑い」[161]ながら過ごそうと願うのだ。リアにそれまでにない明るさが訪れている。しかしそれもただの一瞬の泡沫のような喜びに終わったのだった。

佯狂の道化

ここで最後に、この悲劇の第三の道化であるエドガーについて簡単にまとめておこう。エドガーはこれまで考察してきたユーモアの道化とも、アイロニーの道化とも異なる新しい種類の道化であるウィット（機知）の道化という類型を示しているのである。エドガーは国外追放の処分をうけているため、国内にいるところを発見されると命を奪われるので、狂人のふりをしている。その意味ではエドガーは、騎士道を信じているふりをしていたドン・キホーテと同じように、佯狂の道化だと言えるだろう。

ただしドン・キホーテはユーモアを語りながら、ときにアイロニーをひらめかす道化だったが、エドガーが演じているのはウィットの道化である。ウィットはアイロニーとは異なり、当意即妙な会話によって、語る人の機知の鋭さを示すとともに、本人が意図しないままに真理を語る役割を果たす。狂人のふりをしているエドガーは、グロスターの城を追い出されて野宿しているリア王の一行と出会う。エドガーは裸に毛布をまとっているだけである。裸のエドガーを娘たちに捨てられた父親と信じているリアと、狂人の真似をしているエドガーと、アイロニカルな道化の会話を少しみてみよう。

リア王　捨てられた父親たちが裸の体を
　こんなにむごくするのは、当世のはやりか。
　正当な刑罰だ、親の生き血を吸いおる
　ペリカン娘をつくったのはこの肉だから。

エドガー　ペリ公はピリ山に登っている。
　おうい、おうい、やれ、やれ。

道化　こんな寒い晩には誰も彼もみんな阿呆や気ちがいになっちまうんだろう。(162)

リア王が娘たちのことをペリカン娘と言っているのは、ペリカンは自分の子供に生き血を吸わせて育てると言われているからである。自分を、子供たちに生き血を吸われているペリカンとみなし、その生き血を吸う娘たちをペリカン娘と呼んだわけである。エドガーの答えは、意味がない。支離滅裂である。本物の道化ではないから、当意即妙に答えられず、ただごまかしているのである。「こんな寒い晩には……」と語る道化は、エドガーが佯狂であるのを見破っているかのごとくである。ここで一番まともなのは、相手にするのが道化たちであるために、もはや道化として振る舞えなくなってしまった本職の道化であるのは明らかだ。それでもリア王は、エドガーの返事が巧みだと感違いしている。そしてエドガーを「ギリシアの学者」[163]とみなして、会話をつづけることを強く望んでいる。エドガーを「哲学者先生」[164]と呼び、「博学この上もない裁判長」[165]と呼ぶ。リア王がエドガーの言葉にこれほど感心したのはどうしてだろうか。

それはエドガーの演じる道化が、いつもリア王の身近にいるユーモアの道化と違う性質の道化だからである。この道化はユーモアを語って相手を笑わせる道化ではなく、当為即妙な受け答えで相手を感心させるウィットの道化なのだ。そして頭の捩子《ねじ》が外れかけているリアには、エドガーの言葉がきわめて深遠なものに響くのだ。今のリア王が必要としているのは、自分の愚かしさをあからさまに思い知らせるユーモアの道化ではなく、自分の知らない真理を認識しているウィットの道化、「哲学者」の道化なのである。

ウィットの道化の登場

『リア王』はシェイクスピアの後期の悲劇であり、この時期の悲劇に主に登場するのは、アイロニカルなユーモアの道化である。阿呆を装いながら、鋭く真実をつく道化である。しかしシェイクスピアは前期の喜劇の時代には、言葉において機知を示すウィットの道化を多く登場させていた。
たとえば『お気に召すまま』では、アーデンの森に逃れようとするロザリンドとシーリアに、道化のタッチストウンが同伴する。このタッチストウンに森で出会った逃亡の貴族ジェイクイズは、道化と話してみて、その当為即妙さと奇妙な話題にすっかりほれ込んで、自分も道化になりたいと次のように語っている。

あいつの頭は
航海の残り物のビスケットさながらに乾涸《ひから》びてはいるが
あいつが体得したところの、
奇妙な話題がいっぱい詰まっていて、それをあいつは
めちゃめちゃな形で吐き散らします。ああ馬鹿になりたい！
ぼくは斑《まだら》の服をこそ望むものだ。(166)

「斑の服」というのは道化のお仕着せのことだ。逃亡しているロザリンドの父である老公爵も、この道化と話してみて感心して、「こいつはおのれの巇《たわ》けを隠し馬みたいに使って、その馬の陰から機智《ウイット》を発射するのだな(167)」と評している。この公爵の評は卓抜である。ウイッ

トの道化の技法を巧みに要約しているからだ。たわけ（愚かしさ）のもとに隠れて、その隠れ蓑のもとで可能な機知（ウィット）に富んだ物語を語りだすのがウィットの道化の役割なのである。

ウィット

フロイトは『機知』という著作で、ウィットの特徴をいくつも挙げている。まず機知とは、「似ていないもののあいだに類似をみいだす、つまり隠されていた類似点をみいだす技能[168]」とされている。ふつうは人々がまったく違ったものと信じているもののあいだに意外な共通点があることを見抜いて人々にみえるようにするとき、人々はそのまなざしの鋭さに感心し、驚き、新たな発見を喜ぶのである。

さらに機知の特徴として、「表象のコントラスト」や「無意味の中の意味」や「困惑させ、啓発させること[169]」などもあげられている。どれも、同じような機能をはたしていることは明らかだろう。表象のコントラストとは、「二つの対照的なものを、多くは言葉の連想によって、恣意的に結びつけること[170]」とも言い換えられている。

似ていないと思ったものを並べてみると、意外な類似点があることが理解されるのである。そして意味がないと思ったもののうちに隠された意味を発見するとき、そしてその意外さに困惑させられると同時に、目を開かれるとき、思いがけない喜びと笑いが生まれる。ウィットの言葉を聞かされた人は、その驚きに喜びを感じ、純粋な喜びの笑いを笑うのである。貴族のジェイクイズが驚いて魅惑されたのも、そうした機知によってである。この笑いの質が中世の頃のアレゴリーの笑いとはまったく異なることは明らかだろう。

タッチストウンの機知

タッチストウンの機知の別の一例をみてみよう。ジェイクイズが公爵に初めて道化のタッチストウンを「心まで道化の斑着物《まだらぎもの》になってしまった先生(171)」と紹介する場面である。道化は自己紹介をして、最後に「仕立屋は三軒ほど踏み倒した。喧嘩は四度と、決闘になりかけが一度(172)」と語る。どうして決闘にならなかったのかと尋ねられて、「それは立ち会ったんだが、その決闘が第七条の原因に基づいていた、と覚《さと》ったんですよ(173)」と答える。

ジェイクイズが「第七条の原因たあなんだね。殿、おもしろいやつでしょう(174)」と公爵に語ると、公爵も「うん、ひどく気にいった(175)」と答えている。道化は七条にわたる決闘の原因を次から次へと列挙する。ジェイクイズが口から出任せではないかと怪しんで、「お前、もう一度その虚言《うそ》の等級を、順序どおりいえるかね(176)」と挑発すると、道化は見事にそれを反復してみせる。

第一「儀礼的な返答」、第二「穏便な警句」、第三「乱暴な回答」、第四「激しい非難」、第五「挑戦的な反駁」、第六「間接的虚言」、第七「直接的虚言」である。「このうちで、直接的な虚言のほかなら、逃げることができますよ[177]」というのである。そして道化は、この決闘が第七条の「直接的虚言」に基づいているとしても、「もし」と考えることで決闘から逃げ出せたというのである。それを言うのに、これだけの虚言の区別を頭の中で組み立てて、それを等級として言葉に表現する才能が、彼をウィットの道化にしているのである。

しかしエドガーの場合には、狂気を隠れみのにしているのは、自分が追放された身分だからであり、鋭い真理を語りたいからでも、このような機知を語れる才能を披露したいからでもない。困って口からでまかせを言っているだけだが、ウィットの道化がこの時代には流行していたため、リアにはウィットの道化の言葉のようにしか聞こえなかったのである。

『空騒ぎ』のウィットの道化

さてこれまで、シェイクスピア劇に登場する笑いの三つのタイプとして、アイロニー、ユーモア、ウィットを考察してきたが、シェイクスピアの劇に登場する道化たちも、それぞれこれらの笑いの類型で分類することができる。すでに指摘したように、喜劇ではウィットの道化が多く登場し、悲劇ではユーモアの道化が登場する。ここでシェイクスピアが得意としたウィットの道化について、喜劇『空騒ぎ』を手がかりに、もう少し考えてみよう。

一五九八年頃に執筆され、すぐに上演されたとされるこの『空騒ぎ』は二つのタイプの道化が競演する劇である。道化そのものではなく、日常生活で道化の役割を演じている男女がたがいに道化ぶりを競いあうのだ。ベネディックはユーモアの道化であり、ベアトリスはアイロニーの道化である。そして二人とも、そのユーモアとアイロニーを、機知の言葉で表現するところで、劇が展開する。この二人はウィットの道化でもあるのである。

このウィットの劇の冒頭で、凱旋してきたアラゴンの領主の一行を迎えたメッシーナの知事レオナートの一行のうちにいる知事の姪のベアトリスは、伝令にあの「大法螺《おおぼら》様もお帰りになりまして?(178)」と尋ねる。彼女が気にしているのは、「いつも陽気な戦争とでもいうか、会えば決まって頓智合戦になる(179)」相手であるベネディックである。

この二人は周囲の人々から愛されているが、それは二人が道化的な役割を演じて、人々を楽しませているからである。この二人が道化に近い存在であることは、ベネディックが「メシーナの辻々に高札をかかげて、キューピッドに遠矢の試合を挑みましたのよ。ところがそれを読んだ伯父の家の道化が、キューピッドに代わって矢面に立ち、半弓で勝負を買って出たってわけ(180)」というベアトリスの説明からも明らかである。ベネディックは愛の神であるキューピッドに挑戦したところ、本職の道化がその挑戦に応じたのである。

このベネディックがユーモアの道化であるのは、その楽しい会話によって友人たちと誰彼となく、「毎月のように盟友の契りを結んで[181]」、相手から惚れこまれるというところからも、うかがうことができる。そしてベネディックにほれ込んだ相手は、「疒病神にとりつかれたようなものだわ――あの人ときては、疫病よりもすばやく乗りうつり、うつされたほうはたちまち気が狂ってしまうのだから[182]」という。人々からそのユーモアで愛される道化なのである。

他方でライバルのベアトリスも道化的な人物であることは、今度の軍《いくさ》でベネディックが「何人殺して食べましたの？　いえ、何人仕止めましたの？　だって、仕止めた分は残らず食べてみせるって、私約束しましたの[183]」と、勝利を報告に来た使者に尋ねていることからも明らかだろう。ただしこの道化は人々に愛されるユーモアの道化ではなく、人々に批判の矢を向けるアイロニーの道化である。

使者が「お嬢様、あなたとはうっかり仲違いできませんね[184]」と語っているように、ベアトリスの言葉は、他者を鋭く突き刺すのである。そのことは、ベネディックとベアトリスの言葉合戦を聞いてみると分かる。ベネディックはベアトリスが男嫌いだと宣言するのを聞いて「姫のそのお心がいつまでも変わりませんように、そうすれば将来どこかの男が一人、顔に生傷を作られなくてすむでしょうからね[185]」と嫌みを言う。

するとすぐに反撃がくる。

ベアトリス　生傷くらいでいまさら顔がまずくなるわけでもないでしょう、もしそれがあなたのような顔だったら。

ベネディック　なるほど、あなたは鸚鵡《おうむ》の学校の先生にはうってつけだ。

ベアトリス　私の口真似をする鳥のほうが、あなたの真似をする獣よりはましでございましょう。

ベネディック　私の馬があなたの舌くらい脚が速ければ、それにその息の長さにもあやからせたいものだ。でも、どうぞ先をお続けなさい——こちらはもうたくさんだ。(186)

毒舌姫

ベネディックはすっかりやりこめられている。「こちらはもうたくさんだ」と逃げだすのである。このベアトリスが毒舌をふるっても、すなわちアイロニーの道化として、人々が聞きたくない真実を語っても許されるのは、女性だから、しかも高貴な一族の若い女性だからにすぎない。男性でこのような言葉を語る人物は、友人を失うだろう。

それを明らかにしているのは、仮装パーティでの二人の対話である。ベアトリスは仮装しているベネディック本人に向かって、ベネディックという人物は「お殿様の幇間《たいこもち》、それもはなはだ気の抜けた道化ですわ――ただ一つの才能と言えば、途方もない中傷を考えだすくらいのもの。よほどの道楽者でもないかぎり、あの人の話に興ずるような人はいないでしょうよ。それも機智《ウイット》よりも毒舌のほうが得意で、その証拠には、みなあの人の話を面白がりながらも腹を立て、はじめは笑っていてもしまいには殴りかかる始末(187)」と、身も蓋もない言葉を語るのである。それでも人々が二人の言葉に耳を傾けるのは、二人がウィットの名人だからである。

そしてこのベアトリスの言葉には、ベネディックではなくベアトリスの本質が描きだされている。ベネディックが男友達からすぐに惚れ込まれるのは、ベアトリスが認めたとおりである。この劇でベネディックは決して相手を中傷するような言葉は吐かない。「はじめは笑っていても、しまいには殴りかかる」気を起こさせるのは、姫のほうなのである。ベアトリスはここでベネディックを中傷する言葉を語りながら、みずからにあてはまるような道化像を無意識のうちに語りだしているのである。この言葉は、ベアトリスにうってつけの言葉なのだ。

ベネディックはこの対話のあとで、主人のドン・ペドロに、ベアトリスについてこう語っている。「あの女のは、口は口でも匕首《あいくち》で、吐きだす言葉がいちいち人を刺します。あれでもし息にまで言葉同様毒があれば、まわりの人間はみんな死に絶え、北極星まで毒に染まることでしょう」(188)。まったくそのとおりと言わざるをえない。

ベネディックがこうこぼしているところに、ベアトリスがやってくると、ベネディックは主人に「地球の裏側へでも」(189)、使いにだしてくれと頼む。「雌の舌鮃《したびらめ》だけは我慢がなりません」(190)。このところは原文では **I cannot endure my Lady Tongue**（「わたしには毒舌姫にだけは耐えられません」）である。ベアトリスは「毒舌姫」そのものというところである。

道化の消滅

この劇の大筋は、ベネディックの盟友であるクローディオがベアトリスの姪でメシーナの知事の娘のヒアローに惚れ込んで、結婚を約束するが、クローディオを憎んでいるドン・ジョンの悪巧みのためにヒアローは男たらしなのだと信じこまされてしまい、結婚式の当日にヒアローを「腐れ蜜柑《みかん》」とか「歴然たる淫婦」(191)と口をきわめて侮辱し、そのためにヒアローが死にかけるという悲劇的な筋立てである。しかしこの「悲劇」は表の筋書きにすぎず、裏に隠された真の筋書きは、ベネディックとベアトリスの二人の道化が道化としての役割を放棄して、結婚するにいたるという典型的な喜劇の物語である。

道化は結婚しないものであるが、『お気に召すまま』では道化のタッチストウンが村の娘をだまして結婚してしまう。これは道化の消滅を示したものである。結婚した道化は、まっとうで普通の人間であり、もはや道化ではない。

この『空騒ぎ』でも、道化の二人はそれまで、自分だけは結婚しないと言い張っていたのだった。しかし二人は、たがいに相手に惚れこんでいるのに、周囲の人々にだまされて道化の役割から逃れられずに、相手に自分の恋心を告白することができないでいる。それが次のようなきっかけで、二人は相手に真剣に愛の告白をすることになるのだ。

道化の消滅劇

その前に二人は、自分たちが人々の間で道化の役割を果たしていることを認識させられる。ベネディックはベアトリスから「お殿様の幇間、それもはなはだ気の抜けた道化[192]」と言い募られて、はたと悟るのだった。「殿の幇間だと！　ふん案外おれはそう呼ばれているのかもしれぬ。なにぶん、ふざけてばかりいるのだから[193]」。もちろんベネディックはすぐにこれを否定する。ベアトリスの「卑劣ないやがらせ[194]」であると考えるのだ。この劇のベネディックの台詞を聞いているかぎり、ベネディックは人々からユーモアの道化として、好かれていることは明らかなのである。

ところでベアトリスもまた自分の役割について自覚を迫られる。従妹のヒアローは、ベアトリスが隠れているところで、ベアトリスがベネディックと結婚するはずがないと、わざとベアトリスに聞こえるように、侍女のアーシュラにこう語るのだ。「それにひきかえ、ベアトリスさんときては、およそ女と生まれながら、あれほど気位の高い人は見たこともない。いつも目もとに、軽蔑の色をちらつかせ、目につくものは何でも見下す。きっと自分の才能をあまり買いかぶっているので、何もかもが下らなく見えるのだわ。愛するなどとは思いもよらない(195)」。

これもまた鋭い言葉である。ウィットの道化がアイロニーの言葉を語ることが許されるのは、道化が姫だからであるが、姫が自分は道化であることを自覚していないからでもある。この言葉を耳にしたベアトリスは自分がどのように見られているか、初めて認識する。「まるで耳に火がついたよう！　本当かしら？　高慢で人を見下すといって、非難を浴びているのですって？　軽蔑とはもうお別れ！　娘らしい自尊心も、捨てましょう！　そんな気持ちのあるかぎり、蔭口をきかれるのは当り前だわ(196)」、と。

ベアトリスはそれほど高慢であるわけでもない。自分のウィットが他人を楽しみませるのが嬉しくて、ウィットの道化の役割を演じていたのだが、ウィットの背後にあるアイロニーが他人を傷つけているのを自覚できていなかっただけなのである。自分のウィットに酔っていて、自分が道化であることを認識できない困った道化なのである。

そして二人はこのようにして自己認識をえたことで、道化として振る舞うことをやめ、結婚することになる。結婚の直前に、相手が自分に死ぬほど惚れ込んでいたというのは、人々が作りだした虚構であることをたがいに認識するが、それでも結婚をやめることはない。自分の道化ぶりの空しさが理解されたからである。

こうして二人はたがいにウィットを競いあう「頓智合戦」をやめてしまう。そして読者には残念なことに、きわめて退屈な人物になってしまうのである。道化劇としては、この劇は道化が毒を失いまっとうな人物になるという意味では、『お気に召すまま』と同じように、道化の消滅劇、笑いが失われてゆく劇だと言えるだろう。近代の開幕とともに、光《ライト》で照らすこと（エンライテンメント）と言われた啓蒙と合理主義の時代の訪れとともに、道化が生棲し、活躍する場は失われてゆくのである。ルネサンスの末期のシェイクスピアの劇は、道化の笑いの最後の哄笑を響かせた作品群であったと言えるだろう。

第四章　近代の心身二元論に依拠した笑いの理論と優越の理論

第一節　合理性を重視する近代における笑いの地位

三つの根本的な転換

これまでみてきたように、古代、中世、ルネサンスをつうじて、人々は生活のなかで笑いを撒き散らしてきた。この笑いは、生きられた笑いである。そして笑いを理論化しようとする試みなどは、ほとんどみられなかった。笑いについての考察がなかったわけではない。笑いが人間の活動の一部であるかぎり、笑いの考察はかならず行なわれるだろう。ただし人々が注目していたのは、笑いがどのような機能を果たすかということよりも、笑いがどのようにして生まれるかということだった。これまでは古代からルネサンスにいたる笑いについて、その機能を軸として、「おかしみの笑い」「社会的な笑い」「批判的な笑い」という観点から考察してきた。

ところが近代にはいると、笑いが人々のあいだでごく自然に生まれ、何らかの働きをする行為であることよりも、笑いがどのようにして生まれるのか、どのようなきっかけで笑いという人間的な行為が発露されるのかに注目が集まるようになる。たんに笑いが、ごく自然な人間の営みであるとして受け入れられるだけではなく、人間にとってある種の特別な行為として分析すべき対象とみなされるようになった。とくに近代の到来とともに、人間の精神と身体の関係に特別な関心がもたれるようになった。そして笑いがこのような心と身体の関係の特別な表現として、考察されるようになったのである。

近代とともに始まる三つの新しい状況

このように笑いという行為に注目が集まるようになったことの背景としては、三つの新しい状況が考えられる。第一の新しい状況は、フランスの哲学者であるルネ・デカルトと、同時代のイギリスの哲学者であるトーマス・ホッブズによる近代哲学の開始とともに、人間についての考え方が明確に変化したことである。デカルトもホッブズも、人間を精神と物質という二つの異なる側面で構成された特異な存在者であると考えるようになった。たしかにそれまでも人間に心と身体という二つの側面があることは当然のこととして考えられていた。

しかしこれは自明な「事実」とみなされていたのであって、それが考察すべき「問題」であるとはみなされていなかったのである。しかし近代の到来とともに、これが重要な哲学的な「問題」として登場するようになった。

デカルトは世界のうちに二種類の実体が存在すると考えた。精神と物質である。デカルトによると、実体とは他なるものを必要とせずに、それ自体で存在することのできるものである。まず実体の一つである物質は、それ自体で物質として存在することができるものである。精神的な存在がなくても、物質は自足的に存在しつづけるだろう。そして人間の身体は物質の一つであり、しかもある種の自動機械のようなものであるとデカルトは考えた。生きた人間と死んだ人間の違いは、捩子《ねじ》が巻かれて、運動原理が内在する時計と、「機械がこわれて運動の原理が活動を停止した」[1]時計の違いのようなものだとされた。人間の身体は、内臓、神経、血管などで構成された機械にすぎないと考えられたのである。

この物質とは別の実体として精神というものがあると考えられた。「物体が思考するなどとは思われないがゆえに、われわれのうちにあるすべての種類の思考は精神に属する」[2]と考えることができるからである。この精神は、物体という物質的な支えなしでも存在することができるものとされた。「考える」という行為は、物質的なものを含んでいないと考えられたからである。

このように精神と物質の心身二元論を提示したことで、デカルトは近代の哲学の領域と自然科学の領域を明確に分離したのであり、この考え方が近代の思想の基本的な枠組みになった。そして精神と物質が異なる実体とみなされたために、このたがいに独立した二種類の実体がどのようにして相互作用するのかということが大きな疑問となった。この問題を考察する近代哲学の心身論は、デカルトの提起したこの難問に対処するために生まれたものだった。

なおホッブズも同じように、人間を含めたすべての動物は一種の機械であると考えた。「生命とは四肢の運動にほかならず、その運動は内部のある中心部から始まる[3]」のであり、生命は生きた自動機械であり、生命をもたない自動機械は「人工的生命をもつ[4]」と考えることができる。だから心臓は発条《ばね》のようなものであり、神経は紐のようなものであり、関節は車のようなものであると考えられたのである。

第二の新しい状況として、世界と人間についてのこのような基本的な考え方に基づいて、人間の思考についても新たな特徴がみいだされるようになった。デカルトはわたしたちが思考する際には、誤謬を避けるために特定の方法にしたがう必要があると考えた。この方法によると、思考すべきすべての事柄を包括的に列挙した後に、それを小さな部分に分解すべきである。「問題を完全に把握したならば、それをすべての不必要な表象から分離し、もっとも単純なるものに分解し、枚挙によってできるかぎり小さな部分に分割すべきである[5]」ということになる。

　このようにしてまず思考の対象の全体を把握し、それを分割して、「明晰かつ明白に直観し、または確実に演繹しうることを求めるべきである」[6]とされた。こうして最小の単位にまで分析したものについて、明晰で確実な演繹を行なって、総合の方法で問題を考察する。近代の哲学的な思考も科学的な思考も、この分析と総合という確実な方法に依拠するようになった。近代に登場した合理的な思考の方法は、デカルトのこの分析と総合の方法を基礎としているのである。

　第三の新しい状況として、このような合理的《レゾナブル》な思考を進める限り、合理的なものと非合理的なものが峻別されるようになったことが挙げられる。合理的なものとはすなわち理性《レゾン》の秩序に従うもののことであり（英語でもフランス語でも同じ言葉にこの二つの意味がそなわっている）、非合理的なものとは非理性的なもののことである。そして笑いのように、身体の痙攣的な動きを伴う動作は、人間の正常な理性的な行為とは対照的なものとみなされるようになった。その背景には、道化の消滅が示すように、社会における笑いという行為にたいする許容性が低下し、笑いをどこか理性的な人間にふさわしくない病的な行為であるかのようにみなす感受性が強まったことが挙げられる。

笑いにたいするまなざしの変化

こうして近代の到来とともに、笑いは理性的な人間にとってはどこか異常な行為であると感じられるようになった。それにはまなざしの大きな変化が必要だった。ルネサンスと近代の間に大きな裂け目があることを指摘したのは、狂気についての重要な考察を展開したミシェル・フーコーである。フーコーによるとこの裂け目は、道化が作品のうちで重要な役割を占めているシェイクスピアと、狂気と理性を明確に対立的なものとみなしたデカルトの間に開かれている。

近代という時代が到来すると、それまで神聖な領域との通路をもっていた狂気が、今や理性的でないものとして否定的なまなざしで判断されるようになった。すでに考察してきたように、道化が活躍を許されたのは、道化の語る言葉のうちで真理が告げられると考えられていたからだった。近代以前においては、「この種の人物はもはや単に、片隅にいる滑稽でなじみ深いシルエットのごとき存在ではなく、真理の保持者として舞台の中央に位置を占める」(7)のだった。「馬鹿《フウー》は各人にその真理を思い出させる」(8)からだった。

ところが近代になると、デカルトに代表される批判的で合理的な思考方法が、このような道化の明かす真理を正面から否定するようになる。そして道化は真理を語る存在ではなく、狂気という病に冒された人物とみなされた。というも、近代の「合理的な思考は、あのみごとなな厳正さに導かれて、狂気を精神病として分析するにいたる[9]」からである。そして理性とは、合理的な判断のできるもののことであり、狂気でないもののことであると判断されたのだった。理性は理性そのものの本質によってではなく、狂気ではないものとして否定的な形で定義されたのだった。そして狂人と判断された人々は、多くは治療所や牢獄のような施設だった場所に、まとめて収容されるようになる。「大いなる閉じ込め[10]」の時代の始まりである。

笑いの地位の低下

それにともなって笑いの価値は著しく低下し、それまで笑いが占めていた特権的な地位は失われることになった。もちろん人々はそれまでのように「おかしみの笑い」も「社会的な笑い」も「批判的な笑い」も笑いつづけている。しかし中世やルネサンスの笑いとの大きな違いは、狂気と真理につながる特権的な地位をそなえていた笑いが、その真理との結びつきを切り離されて、人間のたんなる感情的な行為の一つとなったことである。それとともに、笑いの理論的な分析が始まる。笑いが分析されるようになるためには、理性と狂気が特定の思考の枠組みを作りだしている必要があったわけである。そして近代の笑いの分析においては、笑いがその枠組みのうちで理性と狂気の二つの極とどのような関係のもとにあるかが問われるようになったのである。

第二節　デカルトの生理学的な笑いの理論

心身関係と松果腺

すでに紹介したように、デカルトは世界には精神と物質の二種類の実体があると考えていたが、この二つの実体は完全に別のものであり、たがいに結びつくことはないとされていた。しかしそこで大きな問題が発生する。わたしたちは自分の意志によって身体を動かしている。逆に身体にうけた知覚や印象は、わたしたちが思考を働かせるための重要なきっかけである。しかし物質である身体と心である精神が完全に独立したものであり、そのあいだに通路が存在しないのならば、精神である心が、物質である身体に働きかける現象はまったく理解できなくなる。

そこでデカルトは特別な通路を作りだすことによって、この問題を「解決」しようとした。人間の身体を動かしているのは、神経のうちに含まれている動物精気という物質であるという。これは「きわめて微細なある空気または風[11]」のようなものであり、この「精気はどの場所にも静止せず、またその一部が脳室に入れば、それだけ他の一部が脳の実質にある孔を通って出てゆく。これらの孔は精気を神経に、さらに神経から筋肉に導く。このようにして精気は、身体を、動かしうる限りのさまざまなしかたで動かす[12]」のである。そして人間の脳には松果腺という器官があり、精神はこの器官を通じて動物精気に作用することで、身体に働きかけることができるというわけである。

精神の働きには、能動的なものと受動的なものがある。能動的なものは意志であり、受動的なものは情念である。「精神の情念とは、精神の知覚、感覚、情動であり、特に精神に関係づけられるところの、かつ、精気のある運動によって引き起こされ、維持され、強められ[13]」た精神の知覚、感覚、情動であるとされたのである。

この「なんらかの精気の運動によって引き起こされる[14]」情念には、精神と身体を結びつける重要な役割があるとされた。「情念が人間の身体に準備させてやらせようとすることを、精神もそれを意志するように精神を促し、それにしむける[15]」というのである。この情念の説明は巧みである。精神が何らかの情念を感じて、身体にそれに対応した動きを引き起こすのではない。精神が身体にこのように命令することはないのである。身体はこの情念にしたがってある動作をするように促されるのであるが、それは精神によって促されるのではなく、情念そのものが促すのである。精神は身体がこの情念の促しによって起こす動作を、みずからが意志したものであるかのように、振る舞うだけだというのである。精神が身体を因果関係によって動かすのではなく、身体の動きを精神がたまたま自分の意志の動きであるかのようにみなすということになる。

後にデカルトを受け継いだマールブランシュは、デカルトの確立した精神と身体の二元論を維持しながら、この「たまたま」という考えをさらに発展させた機会原因論という理論を主張するようになる。この機会原因論とは、身体の動作と精神の意志との関係を、直接の因果関係としてみるのではなく、神が媒介となっているものと考えるものである。たとえばある人が怒って拳で他者を殴ったとしよう。怒りという精神の情動が拳で相手を殴る原因となったというのではなく、怒りがたまたま「機会」となり、神がこれを関知して殴る行為をその人に行なわせたと考えるのである。

この考え方はすでにデカルトの情念論にみられるものである。精神の情念が身体の動作を引き起こすのだが、精神はそれを意志して行なうのではなく、身体が情念に動かされて行動するように意志することを促されると考えているからである。デカルトにおいては、マールブランシュのような神ではなくて情念が、たまたま身体の行動と精神の意志を結びつける「機会」としての媒介の役割をはたしているのである。

六種類の情念と笑いのメカニズム

さてデカルトによると精神の基本的な情念は六種類のものがある。「驚き」「愛」「憎しみ」

「欲望」「喜び」「悲しみ」の六種類であり、「他のすべての情念はこれら六つのうちのいくつかの複合であるか、あるいはそれらの種である」[16]とされている。この分類はいささか奇妙である。最初の「驚き」と四番目の「欲望」がデカルトの分類を混乱させているようである。ホッブズとスピノザであれば、人間が自分にとって善とみなすものと、悪とみなすものという対比で、すべての情念を分類するだろう。そして善なるものは「喜び」をもたらし、人間はそれに「愛」を感じるし、悪なるものは「悲しみ」をもたらし、人間はそれに「憎しみ」を感じると理解するだろう。残りの二つのうち「驚き」は善と悪にたいする注意を喚起する役割を果たし、「欲望」は、善を獲得することを望み、悪を回避することを望む情念と考えればよいわけだ。

ところですでに確認したように、デカルトは情念が身体に働きかけ、身体を動かすと考えたが、人間が情念の働きかけによって身体的に行動する以前に、こうした情念が身体的な「外的表徴」を引き起こすと考えたのだった。嬉しいときは顔が生き生きと赤くなり、悲しいときは顔が青白くなる。これらは人間の意志を伴わない不随意的な反応であり、純粋に生理的なものとして考えられている。そして「笑い」もまた、こうした身体的な不随意的な表現の一つであると考えられたのである。この笑いの身体的な反応についてデカルトは生理学的に次のように説明する。

「心臓の右心室から動脈性静脈を通ってきた血液が、突然に、何回も繰り返して肺臓を膨らますことによって、肺臓のなかの空気が気管を通って激しく押し出されるようにし、その気管のところで空気が不明瞭で破裂的な声を出すようにさせる。肺臓は膨れることにより、空気は肺臓から外に出ることによって、横隔膜、胸、咽喉のすべての筋肉を圧迫し、こうすることによって、それらの筋肉となんらかのつながりのある顔の筋肉が動かされる。笑いと呼ばれているものは、その不明瞭で破裂的な声を伴った、この顔の動きにほかならない(17)」。

今から読むと笑いの身体的な描写としては奇妙なものだし、笑いのさまざまなあり方をほとんど考慮にいれていないと言わざるをえない。それでも笑いを身体の運動として生理学的に説明しようとした初めての試みという功績だけはそなえているのである。

このように笑いを身体的な情念の表現とみなすとともに、この笑いの原因についても考察が展開される。肺臓が突然に膨れる原因を考える必要があるからだ。デカルトはその原因として、基本的な情念の一つの「驚き」が、その他の基本的な情念と結びつくことにあると考える。驚きと喜びが結びつく笑いもあるし、驚きと悲しみが結びつく笑いもあるという。あるいは「憤り」の笑いの場合には、憤りの原因となる対象がもたらす悪が、その人にとってそれほど重大なものではなく、しかもその「悪との思いがけない出会いによって意表をつかれたことに対して、ひとがもつ〈喜び(18)〉」を感じさせるというような複雑な組み合わせが発生することもある。このような生理学的な説明は、あまり根拠のないものだけに、いくらでも作りだせるが、笑いという現象を説明するためには、ほとんど役に立たないだろう。

デカルトの笑いについての考察は、身体と精神という相互に独立した実体の間の相互作用をなんとか説明しようと試みているにすぎないと言わざるをえない。この相互作用がどのようにして生まれるかを説明する必要がある。それを優越感という心理的な働きによって説明したのが、ホッブズである。

第三節　ホッブズの優越感の理論

ホッブズと狂気の断罪

すでに考察したように、近代の合理主義にとっては、笑いは理性の法則にしたがうものではなく、身体的な情動の一つの表現とみなされる。こうした笑いの考察を代表するのが、デカルトと同時代人であるイギリスの哲学者ホッブズによる笑いの分析である。ホッブズは、人間をあたかも原子のように、周囲の環境からまったく切り離して、個別に合理的に判断することができると考えた。人間は神が製造した人工の機械のようなもの、「自然の理性的《ラショナル》にしてもっともすぐれた作品[19]」にほかならないのであり、その情念の仕組みも、その働き方も、機械のように合理的に判断できる神の産物なのである。

ホッブズによると、すべての動物は生命的な運動と精神的な運動によって動かされる。生命的な運動は自己を保存するための身体と精神の働きであり、これは想像力のようなものを必要としない機械的な動きであるとされた。他方で精神的な運動は「意志による運動[20]」と呼ばれ、与えられたイメージによって想像力を働かせて反応する運動である。身体の運動と精神の運動はこのようにまったく異なった原理によって規定されている。これはデカルトと同じ心身二元論の体系である。

この運動はそのきっかけとなったイメージに向かうときには欲望と呼ばれ、これから離れようとするときには、嫌悪と呼ばれる。欲望する対象に向けられるのは愛であり、嫌悪する対象に向けられるのは憎悪である。欲望されるものは善であり、嫌悪されるものは悪である。善への運動は喜びをもたらし、悪とかかわる現象は不愉快を引き起こす。人間の情念はこのように、善と悪の二つの原理と、それに対する欲望と嫌悪という二つの力によって統一的にすべて説明されることになる。

笑いはこの情念の一つの現われである。ここで笑いは身体とは別の精神の運動の一つとなり、人間の心の動きが身体的に表現されたものとみなされている。近代において笑いの理論が心理的な分析と身体的な分析の二つの方向に分裂したのは、デカルト以来のこのような心身二元論によるところが大きいのだが、デカルトのように心と身体は完全に独立した実体としては考えられていない。ホッブズにおいて笑いは、人間の心的な情念の身体的な表現とされている。

ホッブズは笑いを心理的な側面から理解するために、それを「突然の得意」[21]の表現と定義する。他者のうちに、「ある不格好なものを認識し、それとの比較から彼らが突然自らを賞賛する」ときに生まれる「顔のゆがみ」[22]なのである。笑いというものは「かれらを喜ばせるかれら自身のある突然の動作によって、あるいは他人のなかになにか不格好なものを知り、それとの比較からかれらが突然自らを賞賛することによって、ひきおこされる」[23]ものである。この笑いは、自己の優越を感じたときに生まれる情念の身体的な表現とみなされているのである。人間が笑うのは自分を賞賛するからであって、他人と比較した自己の優越への満足という情念の動きが身体に働きかけて、顔に笑いという表情を浮かばせるのである。

ホッブズのこの笑いの定義が、これまでの笑いについての考察とは明確に異なるものであることは明らかだろう。たしかにこれまでも笑いについて、その優越的な立場からの反応であるという考察は行なわれてきた。たとえばプラトンは、ある友人が「思い込みだけの智恵とか、思い込みだけの美」[24]をもっていると考えている場合には、その友人は滑稽にみえると指摘している。「身の程の知らなさには弱さが伴っており、他人に嘲笑されても仕返しすることができないような者[25]」は滑稽であり、嘲笑されると指摘していたのだった。

プラトンによると、他人が真の自分を認識できないでいて、自分には智恵があると思い込んでいるのを発見したとき、その他人の愚かさをみて、人々は笑うわけである。これはホッブズの笑いと同じように、自己の優越を認識して生まれる笑いである。ただプラトンのこの分析は、たんに笑いが起こる場面について考察しているだけであり、それを神の創造した機械人形にすぎない人間にそなわる心の動きとして分析したわけではない。ここにホッブズの笑いの分析の際立った特徴がある。機械を分析するようなその合理的なまなざしの鋭さが、この笑いの分析に明らかに示されている。笑いは身体をもつ人間の心に特徴的な一つの情動の表現なのである。

デカルトでは笑いは情動の一つの身体的な表現として考察されていただけであるが、ホッブズではこの笑いが生まれる心理的な動機として、優越感という感情が選び出された。ここに心身二元論にとどまっていたデカルトとは異なる笑いの考察の第一歩が踏み出されたのである。笑いは身体的な動作であるが、それを引き出すのは、他者にたいして心のうちで感じる優越感という感情だとされたのである。

このホッブズの理論は、笑いというものは、人間が自分の優越を意識したときに生まれると考えるのであり、これを「笑いの優越理論」と呼ぶことができる。これは近代以降に誕生する五つの笑いの理論のうちの最初のものであり、笑いの心理的な分析の端緒をなすものだった。この心理的な分析の有効性は古代以来、証明済みである。自分が相手よりも優れていると認識したときに、その優越感から劣った相手を笑うというのは、人間の笑いの性格の一つであるのはたしかだからである。

この優越感の理論は、これまで考察してきた笑いの機能の分析との関連では、「社会的な笑い」の枠組みに入るものである。ただしルネサンスまでの社会的な笑いが、社会的な統合を強める側面に注目していたのにたいして、こうした優越感の理論は、社会の内部での対立を強める側面に注目するものだと言えるだろう。

第四節　ボードレールの優越理論

ボードレールの分析

この優越理論をさらに詳しく展開した人物として近代フランスの詩人シャルル・ボードレールをあげることができるだろう。ボードレールは絵画論の一環として、滑稽画を考察しながら、「笑いの本質について」という文章を発表している。この文章における笑いの定義によると、「笑いはわれとわが身の優越から来る[26]」とされている。

この定義はまさにホッブズと同じものである。ただしボードレールはそこに大きな〈ひねり〉を加えている。この優越の笑いを笑う者は、笑うことで、自分の弱さを示してしまうというのである。人々は「氷の上や舗道の上で人がころんだり、歩道の端でつまずいたりする眺めに[27]」笑うことが多い。それは自分は安全であり、自分ならそのような不注意なことはしないと自信をもっているからである。

しかしボードレールは、このようにして笑う人には、「無意識的傲慢さが見出されるにちがいない[28]」と指摘する。そしてこの笑う人間は、笑うことで、「弱く、卑しく、神に反し光明に反する一面がある[29]」ことをおのずと暴露していると考えるのである。「それゆえこの男の、なんと笑うことか[30]」。この笑いによって、優越を誇らしげに示す人間の劣等さがまざまざと示されるとボードレールは考えるのである。

この優越の笑いは、「一個の表現、一個の兆候、一個の症状にすぎない。何の兆候であるか？　そこに問題がある。悦びは一なるものだ。笑いは二重の感情、矛盾する感情の表現だ。それゆえにこそ痙攣をともなう[31]」とボードレールは分析する。笑いは弱い人間の弱さを痙攣的に示すものなのだ。ところがボードレールは、このような劣等者の弱い笑いではない強い笑いを模索する。この強い笑いとは、「自分の同胞の弱さの徴《しるし》でも不幸の徴でもない対象を眺めての激しい笑い[32]」のことである。

ボードレールはこの強い笑いを「グロテスクの笑い」と呼ぶ。ボードレールによると、弱さの徴である笑いは滑稽の笑いである。これに対してグロテスクの笑いは、人間が自然よりもはるかに超越した存在であることによって生まれる激しく強い笑いなのである。弱い笑いである滑稽の笑いは「芸術的見地から見れば一個の模倣である。グロテスク〔の笑い〕は、一個の創造である[33]」。

これを人間と自然の関係で表現すれば、滑稽の笑いが「人間の人間に対する優越感の表現[34]」であるとすれば、グロテスクの笑いは「人間の自然に対する優越感の表現[35]」なのである。この笑いの理論でボードレールは、「グロテスクにおけるフランスの巨匠[36]」であったラブレーと、ラブレーを考察しながらグロテスクの理論を構築しようとしたバフチンに連なることになる。ただし笑いが優越という性格を失ったわけではない。このグロテスクの笑いを笑う人間は、同輩である他人を笑うことでその弱さを露呈するのではなく、人間の自然にたいする絶対的な優越感を、その笑いにおいて味わう強い存在であるとされているのである。

第五章　笑いの共同体の理論

第一節　スピノザの笑いの共同体

スピノザの笑い——身体と他者

ホッブズの理論的な展開を受け継いで、笑いというものを人間の情動の働きの一つとして考察しながら、笑いの社会性について考察したのが、スピノザである。すでに考察したように、ホッブズはすべての情動を人間の自己との関係によって分類した。人間は自己の保存に好ましいものを自己にとって善なるものとして愛し、それを欲望する。そして自己の保存に好ましくないものを自己にとって悪なるものとして憎み、それを嫌悪する。スピノザはこの思考方法を引き継いで、すべての生物には自己保存の本能（これをスピノザはコナートスと呼ぶ）が存在していると主張した。

ホッブズと同じようにスピノザは、すべての生物は自己を保存させるものを善とみなし、自己の保存にさからうものを悪とみなすと考える。「おのおののものはできるだけ、また自己の及ぶかぎり、自己の存在に固執するように努める(1)」と考えたのである。

このコナートスには二つの重要な側面がある。第一の側面は、これはつねに身体という存在に伴うものであるということである。何かが存在するのは、そのものに物質的な支えがあるからであり、人間の場合にはこうした支えは身体である。そしてこの存在する身体についての観念が、精神と呼ばれるような働きを作りだすのであり、存在者にとってもっとも基本的なその身体を維持しようとする本能的な働きが、コナートスなのである。

スピノザはこう説明している。「精神の本質を構成する最初のものは、現実に存在する身体の観念であるから、われわれの精神の最初にして最も重要なものは、われわれの身体の存在を肯定する努力である(2)」。そしてこの精神と身体の能力を増大し、促進するものを人間は愛する。「愛とは外部の原因の観念を伴った喜び(3)」である。この喜びの身体的な表現こそが笑いである。

第二の側面は、この喜びが外部の原因の観念を伴うため、このコナートスはたんなる自己保存ではなく、自分の愛するものの観念と密接に結びついているということである。「自分の愛するものが維持されることを表象する人は喜びを感じる(4)」のである。愛するものの存在は、「精神を喜びに刺激する」[5]からである。

ある他者を愛する人は、愛する他者が幸福であり喜びに満ちているほどに、自分も幸福になり、喜びに満ちるようになる。そしてその愛する他者の喜びが高められるように、努力する。相手もまたこちらを愛してくれるならば、同じようにこちらの喜びが高まるように努力してくれるだろう。愛する者たちはたがいに相手の幸福と喜びを高めるように努力するのであり、ここに愛する者たちの共同体が生まれる。「われわれは人々が喜びをもって眺めるとわれわれの表象するすべてのことをなそうと努める」[6]のである。この愛する者たちの作りだす和合の共同体の理論は、スピノザの『エチカ』のもっとも感動的な部分の一つだろう。

純然たる喜び

この和合の共同体は、人々がたがいに愛し合う共同体である。われわれは「愛する者をできるだけ喜びに刺激するようにする。〔中略〕そして愛する者に自分自身を愛し返させるようにする」[7]のである。ただしこの相互的な関係は愛する者たちの閉じた共同体にかぎられるものではない。理性にしたがって行動する人々は、こうした関係が社会のすべての人々のうちで形成されることを望ましいと判断するだろう。たがいに相手が幸福になるように助けあう社会こそが、好ましい社会なのだ。だから「徳にしたがうおのおのの人は、自己のために欲求する善を他の人々のためにも欲するであろう[8]」。

　このようにして「人間の共同社会に役立つもの、あるいは人間を和合して生活するようにさせるものは、有益である[9]」ということになる。このたがいに愛し合う人々の和合の共同体において、人間はますます大きな善を追求し、ますます大きな満足と喜びを得ようとする。この共同体は、人間がますます完全な存在になろうとする共同体である。

　人間は身体をもつ存在であるから、この満足と喜びとは身体的には「笑い」として表現される。「笑いは諧謔と同様に、純然たる喜びであり、したがって過度になりさえしなければそれ自体で善である。〔中略〕われわれはより大なる喜びに刺激されるにしたがって、それだけ大なる完全性に移行するのである。言い換えれば、われわれはそれだけ多くの神の本性を必然的に分有するのである[10]」。たがいにほほ笑みと笑いを分かち合う共同体、それは自己の喜びを高め、その喜びを笑いによって他者に伝達し、その笑顔によってまた他者の喜びを高めていく共同体である。

自由人の共同体

　ここでは笑いという身体的な表現が、たがいに愛し合う人々の共同体を作りだし、人々の幸福を作りだす働きをするとされていることが注目される。スピノザの哲学においては、人々は自己を愛することで他者も愛するのであり、こうした人々が共同体を作りだす。というのも、「自然の中でわれわれは人間のほかに、そのものの精神をわれわれが楽しみうるような、また、われわれがそのものと友情あるいはその他の種類の交際を結びうるような、そうしたいかなる個物も知らない[11]」のであるから、人間はこうした他者との交際を楽しむために、自由な人々の共同体を必ずや形成するはずだからである。それにこうした共同体を形成し、「相互に助け合わないかぎり、個々人の力だけでは[12]」、人間は自分ひとりの満足も享受することはできないだろう。

そしてこの自由な人々の共同体は、それを構成する人々の笑いによってこそ、識別されうるだろう。スピノザは、こうした人々の作りだす共同体は、「自己・神および物をある永遠の必然性によって意識し、決して存在することをやめず、つねに精神の真の満足を享有している[13]」ような人々によって構成される共同体だろうと考える。笑う共同体は、不死の精神の永続を信じる自由な人々によって形成される理想の共同体なのである。

第二節　カントにおける笑いの社交性の理論

カントにおける美と笑いの共通性

このようにスピノザの笑いの共同体は、自由な人々が幸福になるために必然的に形成せざるをえない共同体だった。人間の「社会的な笑い」が人々の間に和合の共同体を作り上げるために役立ち、人々の和合がこうした共同体のもたらす絆によって笑いを生みだすのである。スピノザのほかに、こうした「社会的な笑い」の理論を展開した重要な思想家として忘れてはならないのはカントである。

カントは『判断力批判』という書物において、人間が美を感じるのは、知性と想像力という「二つの認識能力がともに自由な遊びを営む[14]」ときであると語っている。そしてこの自由な営みは、その共同体の内部で他者と交わり、「人間にとって自然的な社交的傾向[15]」によって可能となるものである。美というものは、共通感覚の力で、他者の立場に立って考えることができないと感得されないものだと考えるのだ。

そして笑いにも、同じような要素がある。それは笑いというものが、人間の社交によって生まれるものであり、社交のもたらす満足の表現だからである。そして「感覚の交替による自由な遊びは満足をあたえる。かかる遊びは健康の感情を促進する[16]」のである。社交はこうした満足を促進するものであり、逆にこうした喜びなしでは社交というものも退屈なものとなる。「こういう遊びが加わらないと、およそ夜会というものは一向に面白くない[17]」ものになるだろう。

カントによるとこのように笑いという行為には、美を感得するときと同じような認識能力の自由な遊びがあり、他者の立場に立って考えるという社交性の働きがあることになる。カントは笑いのこの健康的な効果を重視する。世に悲劇作家は多く、「われわれの心を傷ましめる」才能には事欠かないが、「これに反して笑いを催させる才能というものは実に稀なのである[18]」と、喜劇作家の働きを高く評価する。笑いには、精神に自由をもたらし、また精神の自由な働きを表現する貴重な働きがあるのである。

それだけにカントは、子供の頃から笑う習慣をつける必要があると考えている。「子供は、とりわけ女の子は早くから、人のよい、強いられたのではない笑いの習慣をつけさせられねばならぬ。なぜなら、この場合の顔つきの晴れやかさは除々に内心にも刻印されて、快活、親切、社交性への性向の基礎となるからである[19]」。このようにカントによると、笑いは社交的な性格を作りだすために貢献するものであり、さらに社交の重要な手段でもある。「ひとのよい（腹蔵ない）笑いは、（喜悦の情動に属するものとして）社交的である[20]」のである。

また笑いは人間を社交的にするだけではない。道徳的にふるまうことを教えて、人間の共同体の絆を堅くする効果を発揮することもできる。リゴリズムという道徳主義の哲学者カントというイメージからは意外に思われるかもしれないが、笑いはまじめさよりもはるかに道徳性を向上させるために貢献すると考えられているのである。まじめさというものは、道徳性と結びつけて考えられるかもしれないが、まじめな人は、偉大さを求める退屈な人となるだけだろう。ところがこうした偉大さをこっけいな形でおちょくるような笑いは、人々に振舞いの軽妙さを与えるのである。こうした斜に構えた笑いは、「人々に柔和な、そして快活な心を与え、身のほど知らずなものではなく、ごくありふれた、徳の原則に従うようにさせる[21]」ことができるものだからだ。カントは、笑いを道徳性に結びつける論理的な回路をもっていた稀有な思想家と言えるだろう。

第三節　フロイトの機知の理論

このような笑いのもつ社会性についての考察は、スピノザやカントのような哲学者だけではなく、精神分析という新しい領域を切り拓いたフロイトにもみられることに注目しよう。フロイトの精神分析の理論は、無意識の存在を三つの証拠によって示すものだった。日常生活における微細な間違いと忘却、夢の存在、そして神経症をはじめとする心的な病の存在である。どれも人間の意識の及ばないところで働いている無意識的なメカニズムの存在を示し、その解明を求めるものであった。そしてフロイトは笑いにおいても、無意識が重要な役割をはたしていることを明らかにしている。

フロイトの笑いの理論は、主として第一の日常生活における言い間違いの研究から派生したものである。フロイトは言い間違いの多くは、その背後に無意識的な要素が潜んでいることを指摘した。あるときオーストリアの下院議会の議長が議会の開会を宣言しようとして、「定足数の議員の出席を確認しましたので、ここで議会の閉会を宣言します[22]」と発言して、議員たちから大笑いされたことがある。この議長は、「なんの期待ももてないこの会議をすぐに閉会できればと期待していた[23]」ために、つい無意識的な願望を口にだしてしまったのである。何となく気のあわない人と出会って、「こんにちは」の代わりに「さようなら」と言ってしまう人もいることだろう。

この言葉はうっかりして語られたので哄笑を招いたのだが、これを意図的にやると、そこに機知の笑いが生まれる。フロイトの示した実例では、パリのあるサロンにジャン＝ジャック・ルソーの親戚だと自称するルソーという名前の赤毛の男が紹介されたが、この男の振舞いがきわめてぎこちなかったので、サロンのマダムはその紹介者に、「あなたが紹介してくださったお若い方は、ルー（赤毛）・ソー（粗忽者）かもしれませんけど、ルソーではありませんわ[24]」と言ったという。マダムは機知の笑いのうちに、その男を紹介した相手に自分の気持ちを伝えながら、しかも相手をできるだけ傷つけないように配慮したのである。

機知については、シェイクスピアの喜劇におけるウィットの役割を考察したところで簡単に紹介したが、フロイトは多数の実例をあげながら、こうした機知の笑いが生まれるメカニズムを解明しようとしている。ユダヤ人であったフロイトはとくに、ユダヤ人のジョークを好んで例にあげている。

有名な実例として、ユダヤ人であったハイネの機知の言葉があげられている。ハイネは「ルッカの湯治場」という短編で、登場人物に次のように語らせている。「わたしはザロモン・ロートシルトの隣に坐った。するとあの方はわたしをまったく同等に、まったくファミリオネアに扱ってくださった[25]」。このファミリオネアという機知の言葉は、かばん語のおもしろさを利用している。ヨーロッパの諸語にはファミリオネアという言葉はない。これは「親しく」を意味するファミリア／ファミリアルメンテと、「富豪」を意味するミリオネアが合体した混成語、いわゆるかばん語なのである。ロートシルトはユダヤ人富豪のロスチャイルド家のことだから、富豪のロスチャイルド家の一員が、汽車で隣に坐り合わせた貧乏人の登場人物を、同等の富豪であるかのように親しく扱ってくれたという機知なのである。

機知と無意識

このように機知を語るというのは、精神の鋭さの現われである。なかなか巧みな機知を語ることができる人はいないものである。そしてフロイトはこの機知を語るという仕事はいくら頭をひねっても、うまくいかないものであることに注目する。そこにはある閃きが必要なのである。そしてそれがうまく閃く人と閃かない人がいるのもたしかなのだ。その違いはどこから生まれるのだろうか。

フロイトはそこに、自分の精神のうちに幼児的なものへの通路を残している人とそうでない人の違いをみいだす。幼児的なものとはたんに子供っぽいもののことではない。幼児期において言葉遊びなどの楽しみを経験したことのある人だけが、「かつての言葉による遊びという昔の故郷を探しだす」(26)ことができるのだ。こうした人が機知の言葉を語ろうとするとき、「思考は一時、幼児的な段階に逆戻りし、そして幼児期の快感の源泉をふたたび捉えようとする」(27)のである。

これは一つの才能と言えるものだろう。思考のうちで無意識的なものを働かせることができる人は、意識的でない思考の回路によって、幼児期にもっていたかもしれない創造的な閃きを働かせることができ、それに快感を味わうのである。「機知はきわめて思い設けぬ〈思いつき〉という性格をそなえているのである。人は一瞬前にはただあとから言葉の衣装をまとわせさえすればよいような機知を、どのようにして作るべきかを知らないのである[28]」。それを無意識的なものが教えてくれる。そこでは意図的な思考は無力である。「機知の形成に際しては思考の過程が一瞬欠落し、ついで突然に無意識から機知として浮かび上がってくる[29]」ものだからだ。人々がすぐれた機知に拍手喝采し、笑いで迎えるのは、この意識しない巧みな技のすばらしさを祝うためだろう。

機知と自由の精神

このフロイトの機知の笑いのうちには、カントが語った精神や認識能力の自由な戯れと同じメカニズムが働いていることに注目しよう。精神の自由な働きを重んじることのない人は、洒落や冗談を言ったりはしないものだ。機知の働きが可能となる条件として、精神の拘束されない働きが、意識の抑制を逃れて自由に働いていることが必要なのだ。

それだけではない。機知を語ることができるためには、そもそも意識の抑制が働いていなければならない。悪口を語るのに、まったく遠慮のない人は、その悪意を抑制なしに口にして、相手を傷つけるだろう。しかし機知を語る人は、思いついたことをそのまま口にするのではなく、それにある抑制を加える必要があると考えているのである。また機知を語る側だけではなく、他人の機知を理解する側にも、ある種の才能と精神の自由が必要なのである。卓越した機知の言葉は、「悪口を言う快感を自由に発散させるのに慣れている無教養な人々にはぜんぜん理解できないだろう」[30]。卓越した機知の言葉が語られ、そしてそれが享受されるためには、語り手の側には、ふだんは行使している精神の抑制をいかにしてくぐり抜けるかという手腕が必要なのであり、聞き手の側にも、そうしたメカニズムを理解し、それに同調するだけの精神の深さと自由が必要とされるのである。機知の言葉で笑いあう共同体は、それを語る人とそれを聞いて笑う人との協力によってしか生まれないのである。

第四節　ニーチェの笑いの共同体

ニーチェ——自由な精神の笑い

スピノザから多くの貴重なものを学びとったニーチェもまた、笑う者たちの共同体を希求したのだった。ニーチェの笑いの共同体は、スピノザのように愛しあう者たちの共同体であるよりも、束縛から解放された理性の作りだす批判的な笑いの共同体である。「友人たちのあいだで」という詩で、ニーチェはこうした友情の笑いの共同体を描いている。「いっしょに黙っているのは楽しい／いっしょに笑うのはなお楽しい／絹のような空の布におおわれ／

苔にすわり、ぶなの樹によりかかり／ここちよく声高に友といっしょに笑い／白い歯を見せあうのは楽しい[31]」。友人というものは、「ともに苦しむこと〔同情〕によってではなく、ともに喜ぶこと[32]」によって、ともに笑いあうことによって生まれるものだとニーチェは主張する。

ニーチェの初期の著作である『人間的な、あまりに人間的な』に、「自由なる精神のための書物」というサブタイトルがつけられていることから明らかなように、ニーチェにとって笑い、哄笑することのできる精神は、解放された自由な精神である。それはすべてのものを批判し、笑うことのできる精神、自分自身をすら笑うことのできる精神である。

さらにニーチェの作りだした重要な人間像であるツァラトゥストラは、卓越した人間たちは「創造する者[33]」でなければならず、失敗したときには笑うことのできる人々でなければならないと考えた。創造の営みには失敗がつきものであり、そのときには笑うしかない。「卓越した種類の人間であればあるほど、成功しないことが多くなる。ここにいる君たち、卓越した人間はみんな、失敗作ではないのかね？　それがどうした！　まだ可能なことがたくさんあるぞ！　人間は笑う必要がある。君たちは自分自身を笑えるようになれ！[34]」。

人間のうちに蔵される可能性が大きければ大きいほど、その可能性が挫折する可能性も大きくなる。そしてそこに笑いの場が生まれるのだ。「人間にとってもっとも遠いもの、もっとも深いもの、星のようにもっとも高いもの、人間のとてつもない力。そういうものがみんな、君たちの鍋のなかで泡立って衝突しあっているんじゃないか? 壊れる鍋があっても、なにも不思議じゃない! 人間は笑う必要がある。君たちは自分を笑えるようになれ!」[35]。

このようにしてニーチェの考える卓越した人間たちの共同体は、スピノザの理性的な存在者の共同体と同じように、たがいに高めあい、たがいに笑いあう笑いの共同体となる。たとえ失敗したとしても、笑うことのできる人間は、成功して笑いを忘れてしまっている人間よりも優れているのである。

第五節　バタイユの笑いの共同体

親しさの共有

ここで、親しい人と、顔をみあわせて笑う場面を考えてみよう。そのきっかけは何でもよい。誰かがおかしなことを言ったのでも、飼っている猫が滑稽なしぐさをしたのでも、二人だけがわかりあう、あるきっかけによって笑うのである。そのとき、二人のうちであるものが共有される。そのほほ笑みは二人にとって幸福なものとして感じられるだろう。そしてそれが二人の仲をさらに親しいものとするに違いない。

このとき、この二人の間で共有されたものは、いったい何なのだろうか。もちろんともに笑ったという経験である。しかしこの笑いは、それぞれが独立した人間として個別に笑う笑いではない。それはある種の流れのようなものとして、二人のあいだを流れたのだ。そこで何ものかが伝達される。それは相互への慈しみのようなものだろう。このような笑いを笑える相手は、ごく限られたものだ。この笑いのうちに、相手にたいする好意がさりげなく伝えられる。笑いはひとつの交流の、コミュニケーションの手段でもある。

ニーチェの文章を自分が書いたのではないかと錯覚するほどにニーチェに深い共感を抱いていたフランスの思想家のジョルジュ・バタイユは、笑いをもっとも重要な交流の方法として考えた。「ところですべての種類の激しい交流のなかでも、笑い以上にわたしたちの全体を動かす交流はない。笑うことで、わたしたちの生はつねにたやすく交流できるようになる」[36]のである。

笑いの伝染性

この笑いは伝染性のあるものである。親しい仲でなくても、威厳のある人が滑って転んだだけで、いあわせた人は笑うだろう。この笑いは人々をある雰囲気のうちに染めてしまう。この笑いを共有することで、人々は何かを伝え合う。この笑いのうちで「笑う者たちの痙攣するような運動が解き放たれ、反響して、ひとつのまとまった笑いになる。だれもが宇宙の無限のきらめきに参与するだけではなく、他者の笑いに混じりあう。部屋のうちにもはや、たがいに独立した笑いがあるのではない。ただひとつの哄笑の波が生まれるほどだ。笑う人は、自分のよそよそしい孤独が奪いとられたかのように、だれもが急流の中でさざめく川の水のように生の一刻《ひととき》を過ごすのである」(37)。

いあわせたすべての人を包んだこの笑いにおいて、さまざまなものが伝達される。この笑いはひとつの交流の経験だからだ。伝達されるものは何だろうか。いずれ紹介するベルクソンが指摘するように、ある社会的な規範からの逸脱にたいする警告のようなものかもしれない。笑うのは人間だけだとされている。それは人間だけが一つの規範をもっているからだ。しかもこの規範は社会によって、時代によって異なるものである。そしてある規範からの逸脱が、笑うべきものとして、人々に認識されるのである。傘をもっている立派なみなりの紳士が滑って転んでも笑わない社会も当然あることだろう。その社会では、きっと笑うべき規範からの逸脱についてもっと別の認識をもっていることだろう。

しかしこの笑いをたんに規範からの逸脱の警告のようなものとして捉える必要はないだろう。笑いのうちで伝えられるのは、もっとも根源的な生そのものではないだろうか。これまでさまざまな笑いについて、笑いのメカニズムについて考察してきた。しかし笑いのもっとも根源的なあり方は、人々が一緒になってあるものを笑うという交流の手段であるということとだろう。

カーニヴァルの笑いを思い出してみよう。多くの人々がともに笑うその笑いは、一つの祝祭である。人々は笑いあうことで、ある絆を伝えあう。笑うことで人々は自分たちを結びつける絆を確認する。そしてその絆は、笑いのなかで強められるのだ。人々は笑うことで、自分たちの生を享受するのである。

バタイユはこの笑いについて、「わたしたちが肉感的な祝祭のさまざまな要素を好ましく感じるとき、これらの要素はまだ、わたしたちのうちに残っているのだ。わたしたちがこれを望み、大衆の歓喜の次元で、幸福にふれるだけで十分なのだ。とくに笑うことを知っているだけで十分なのだ(38)」と総括している。赤子が人をみて笑うときに始まって、カーニヴァルの祝祭での笑いにいたるまで、笑いはつねに小さな祝祭の共同体である。

第六章　笑いの放出の理論

第一節　神経の緊張の解放――スペンサー

これまで近代になって登場した笑いの理論について、心身二元論から説明する理論、優越感という心理的なメカニズムから説明する理論、自由な人々の共同体を形成する社会性に貢献する笑いの理論という三つの笑いの理論を検討してきた。第四の理論として検討したいのが、笑いが身体的な緊張を解放する役割を果たすという笑いの放出の理論である。

こうした放出の理論として有名なのが、社会学者のハーバート・スペンサーの笑いの理論である。スペンサーは「笑いの生理学」という有名な論文で、笑いのメカニズムを人間の身体の生理学的な緊張の解放という動力学的な観点から考察している。スペンサーは、笑いが他者に対する優越感の表現であるという理論にたいして、わたしたちは誰の威厳にもかかわることのない冗談を聞いて笑うことがあるという簡明な事実によって反論する。そして、「私たちが大いに喜んでいるとき、または予想もしなかった考えの対比に感銘を受けた時、なぜ顔や胸、腹部の特定の筋肉が収縮するのだろうか。このような問いに対して答えを出すことができるのは、生理学によってのみ可能である」[1]と指摘するのである。

スペンサーは、神経系が緊張した状態におかれると、その興奮を他の回路に伝達して放出しようとするのであり、そのことで笑いが生まれると考える。この笑いのメカニズムについて、スペンサーは「緊張した状態における神経系の中心部がその緊張を解消するときには、三つの回路が存在する」と主張する。まず神経系はその興奮を、「身体器官と直接に結合しない他の神経中心部に伝える」。この第一の回路によって感情や思考が生みだされる。第二の回路は運動神経であり、これによって筋肉が収縮を起こす。そして第三の回路は、内臓を支配する神経であり、これが一つまたは複数の臓器を刺激するのである。

身体はこの神経系の緊張を解放しようとする。緊張は解放されないと、さらに強まって苦しくなるからである。「感情を表に出すことを抑制すればその感情はさらに激しくなる」のである。そして緊張を解放するための唯一の方法は、それを身体で表現することである。笑いとは、「一種の筋肉運動の表われであり、ある強さに達した感情の流れがその一部を習慣的に身体運動という形で解放する」ものだということになる。

蓄積された神経エネルギーは、「初めは明らかに最も習慣的に通る経路を優先的に流れる。それだけでは不充分な時に、次に習慣性の高い経路に流れる」だろう。まず優先的に使われる回路は、「感情が筋肉運動に変化を起こすという動作が最も頻繁に表れる」発声器官である。舌や唇や、口の周囲の筋肉を通じて、こうしたエネルギーが解放されるのである。そこで人々はほほ笑みを浮かべ、笑い声をあげ、蓄積されたエネルギーを放出するのである。

しかしこのエネルギーの量がこの器官から放出されるには多すぎる場合には、「別の筋肉が動きだす。手足が動き始めたりするのはそのためである」。それでもまだ十分に解放されず、「余剰の神経エネルギーが溢れて、はけ口が見つからない場合には、最終的に笑いと直接的に関係のない種類の筋肉が動きだすのである。それは頭を反り返らせたり、身体を前に曲げたりする」ことであり、人はこうして腹を抱えて、それこそ内臓で笑い始めるのである。

第二節　心的な緊張の弛緩――カント

よく考えてみると、スペンサーのこの理論は、純粋に生理学的な笑いの理論というよりも、笑いという情動が発生したときに、身体的に発生する緊張を放出する生理学的なメカニズムを考察したものである。この理論は、笑いがどのようにして生まれるかを考察するものというよりも、笑いという情動のもたらす緊張を解放するために、わたしたちがどう対処しているかを明らかにしようとするものである。そのために、この理論はデカルトの情動の一種としての笑いの理論を、身体的な観点から補足するものと言えるだろう。

このように笑いを身体的な緊張の放出という観点から考える理論としては、哲学者のカントの理論がある。社会的な笑いについてのカントの理論はすでに紹介したが、カントは笑いを心的な側面から考察しながら、笑いとは「緊張した期待が突然に無に帰することから生じる情緒である(2)」と定義する。たとえば誰かが、ある人が激しい苦しみや恐怖を受けたことを物語ったとしよう。エドガー・アラン・ポーの「メエルシュトレエムに呑まれて」の物語の結末を思いだそう。あのような恐怖を経験した人が「一夜にして頭髪が真っ白になった」と語ったとしても、当然のことと思うだろう。

しかしその物語の語り手が「彼のかぶっていた鬘《かつら》が一夜にして白髪になった(3)」と語ったならば、聞き手は笑いだすだろう。それはこの物語を聞いているうちに、聞き手はその主人公の苦しみに感情移入して、何らかの重大な帰結を期待する気持になっていたからである。死か、老衰か、何らかの深刻な事態が生じても不思議はないと予測していたのである。ところが白髪になったのは本人の頭髪ではなく、鬘なのである。この意外さが、「極めて活発な喜びを与える(4)」のだという。

カントは、笑いは「表象が身体に及ぼす影響と、今度は逆に身体のほうから心に行なわれた作用[5]」によって生まれると説明する。物語を聞いていた人の知性は、深刻な帰結を予測していたのに、それが与えられないために「突然弛緩する、するとわれわれはこの弛緩が身体に及ぼす効果を、身体の諸器官の振動によって感知する[6]」のである。カントはこの笑いという身体的な動作は、緊張を解放することで精神のバランスを回復するために、精神にも身体にも好ましい効果を発揮すると考える。「われわれの身体における諸力の平衡状態を生じさせる[7]」からである。

このように感情を放出することは身体的に快であり、それによって健康を増進することができるものである。これは泣くことにも共通したことである。「笑うのも泣くのも、両方とも心を晴れればれとさせる。というのもどちらも感情を流出させることによって、生命力を妨げるものから解放する[8]」からである。

第三節　心的エネルギーの放出――フロイト

フロイトの放出の理論

このように笑いを身体的な緊張の解放と放出という観点から考察する理論をさらに精緻に、

複雑に構築して、無意識との結びつきを発見したのがフロイトの笑いの理論である。フロイトの機知と無意識の関係についての考察についてはすでに紹介してきたが、フロイトはさらに笑いと機知の関係を、エネルギー論的に展開してみせるのである。その際にフロイトは、「笑いは意識が無意識的に大きな事柄から小さな事柄に向かうときに生じる。それは私たちが不調和を感じる状況が起きたときに生じるものなのである」[9]というハーバート・スペンサーの定義を敷衍しながら、それを「それまである心的な通路への給付に使われていた心的なエネルギーの量が使用できなくなり、それを自由に排出しようとするときに、笑いが生じる」[10]と言い変えるのである。

すでに紹介したように、スペンサーの理論は、身体のうちに蓄積されていたものが解放されると口や腹部などが動くために、これが笑いになると考えるものだった。ところがフロイトはそれを身体に直接に結びつけるのではなく、心的なエネルギーの滞留とその解放される通路という概念を導入したことで、考察をさらに進めることができたのである。蓄積されていたのはたんなる身体的な緊張ではなく、心的なエネルギーであり、それが解放されるためには、笑いのようなきっかけが必要だったと考えるほうが、たしかに説得力がある。

機知の語り手の笑いと聞き手の笑い

フロイトはこの心的なエネルギーの解放のメカニズムを考察することで、一つの重要な違いをみいだした。機知を作る側と機知を聞く側の笑いのメカニズムの違いである。すぐれた機知を聞いた人は、それを笑いで迎えて、その機知と相手の精神の鋭さを祝福する。機知を聞いて笑うことは一つの快楽である。もちろん機知を語った者にも快楽は訪れる。それは自分の精神を働かせて、人々が楽しめるような機知のある言葉を語ったことのもたらす満足感である。

しかしこの満足感には、笑いはほとんど伴わない。洒落の好きな人が、何か洒落を言おうとして自分で笑い始めてとまらなくなる人がいるが、そんなときは場が白けてしまって、誰もその続きを聞きたいと思わなくなるものだ。機知を語る人は、自分で笑っては駄目なのである。ところが機知を聞いた人はおおっぴらに笑う。笑えば笑うほど、機知を語った人は満足し、その喜びは大きくなる。それは聞き手が語り手に与えるご褒美なのだ。しかし笑わせる側と笑う側とのこの違いは、どのようにして生まれるのだろうかとフロイトは考える。

まず機知を語った人は、その機知を語るために精神の労働を必要とする。機知を語るということは、心的な心構えと知的な鋭さを求められることなのだ。聞き手に笑ってもらえるような機知を語るためには、「自分の力で努力をしなければならなかっただろう。少なくとも抑制あるいは抑圧の強さに対応するだけの心的な消費を行わねばならなかっただろう」(11)。その心的な作業を費して機知を語った人には「快感の獲得が結果として生じる[12]」のはたしかだろう。しかしそのために心的なエネルギーが消費されてしまって、もはや笑いとして解放されるような心的なエネルギーは残っていないだろうと、フロイトは考えるのである。そこに笑いが生まれる余地は残されていない。

しかし機知を聞く側はどうだろうか。機知を聞いたときに、人はその機知を語った人の思考の回路をいわば追跡する。そして心の中で、問題となっている事柄と、その事柄にまつわる心的な抑圧のありかを理解する。そしてその相手の心の中の抑圧とそのエネルギーの蓄積を仮想的に追体験するのだ。そして相手がどのようにして機知によって、そのエネルギーを解放し、抑圧を解除するかを一挙に理解する。そのときに聞き手の側では、その仮想的なエネルギーの解放が追体験されるだろう。

フロイトはこれを次のように説明する。まず聞き手の側が聞く「機知の言葉は彼のうちに必然的に、ある表象なり思想なりとの結びつきを生じさせる。それの形成はやはり彼においても大きな内的障害にぶつかるものである[13]」。しかし聞き手はこれを機知という心的な作業を行うことで解決する必要はない。そしてその内的な障害が聞き手のうちにもたらした仮想的なエネルギーは、この機知の言葉によって解放され、それが笑いとなって爆発するというのである。

機知の語り手は、相手が爆笑するならば、その笑いのうちに自分の笑いをこっそりと合流させて、初めて笑うことができる。「もしも私が自分の機知を伝達することによって他人を笑わせるならば、私は自分自身の笑いをかきたてるために、実は彼を利用しているのである。最初に真剣な態度で機知を話した人が、今度は他人の笑いのなかに控え目な態度で合流する」[14]。このようにして、機知を語った人も初めて笑うことが許されるのである。

第七章　同一性と差異のシステムとしての笑い

第一節　ずれの笑い

ずれの笑いの分類

これまで近代において笑いを考察した四つの理論を検討してきたが、第五の笑いの理論として、「ずれの笑い」とでも呼べるものがあり、これは「同一性と差異のシステムとしての笑い」の理論と呼び替えることができるだろう。この理論は、どのような心理的な条件のもとで笑いが生まれるかを考察するという意味では、「おかしみの笑い」の理論と考えることができるが、笑いが人間の心理の特定の性質によって生まれると考えるのではなく、人間の心のうちで笑いが生まれるメカニズムを構造的なものとして把握しようとするところに、これまでの生理学的な理論との違いがある。笑いを生みだす心理の内容ではなく、形式に注目した理論である。近代の笑いの理論の多くは、この同一性と差異のシステムに注目するものである。

「いないいないばあ」の笑い

人はどんなときに笑いだすのだろうか。最初に、人に向けた新生児の自然発生的な笑いを、「笑いの零度」として考察した。これは人間としての基本的な笑いであり、他者にたいして自分が無害であることを示し、他者に受け入れられることを望む姿勢を示すものである。その後の社会的な笑いの基礎となり、コミュニケーションのための役割を果たす笑いである。

しかし子供の笑いには、笑いのメカニズムを示すものとして、もっと興味深い笑いがある。それは「いないいないばあ」の笑いである。この笑いを子供はとても好むものだ。今まで自分の目の前に人の顔があったのに、何かの後ろに隠れてみえなくなる。しかしそれはずっと失われたのではなく、すぐにまた目の前に戻ってくる。ただそれだけのことが、なぜあれほどに楽しい笑いを誘うのだろうか。

「いないいないばあ」の笑いが成立するには、三つの基本条件が必要である。第一の条件は、同一のものが隠れ、また現われることである。二度目に違う顔が出てきたのでは、子供は笑うことができない。馴染みの顔が出てくるから笑うのである。それにこの同じものがそのままそこにあったのでは子供は笑わない。同じ顔が隠れて、また現われることが必要である。

ただし出てきた顔は前と同じものであるが、まったく同じものではない。第二の条件は、同一のものが現われるときに、すでに何らかの差異がそこに含まれていることである。この「いないいないばあ」の笑いでは、第二の顔は第一の顔とはすでに違うものとなっている。時間的な経過によって子供はそこにある違いを加えるからであり、二度目の顔はすでに一度いなくなった顔であるという過去をそなえている。そして二度目の顔が現われるまで、ちょっとの間じらされると、子供はそれだけ楽しそうに笑うだろう。さらに反復する回数が増えれば増えるほど、子供の笑いは繰り返され、笑い声は高くなり、少しヒステリックになってくるだろう。

第三の条件は、この顔の同一性と差異を可能にする「遊び」という暗黙の了解が、笑いを生みだす特定の枠組みとして存在していることである。枠組みの違いが笑いを引き起こすこともあるが、「いないいないばあ」の場合には、「遊び」あるいはゲームという枠組みの同一性が必要である。わたしと子供は「いないいないばあ」の遊びをするという暗黙の「契約」を結んでいるのである。

わたしが途中でいなくなってしまったならば、遊びはおしまいである。子供は笑わない。

わたしが途中で顔を変えてしかめ面になったなら、子供は笑わない。顔ではなく、おもちゃを見せたら、子供はやはり笑うのをやめるだろう。どれもゲームの規則が違うからである。そして子供の笑いがヒステリックになった段階でやめておかないと、子供は泣きだしてしまうだろう。その場合には遊びという枠組みが崩壊してしまっているのであり、もっと違う枠組みが生じている。そしてわたしは子供を苛《いじ》めたと咎められるだろう。

これと反対に、枠組みの違いも大きな笑いの源泉となる。かけあい漫才で、二人の人が同じことについて語っているようにみせながら、二人ともまったく違う文脈で語っていたら、観客は大笑いするだろう。片方は明日の試験のことを語っているのに、もう一人は明日の夜のデートのことを語っていて、二人とも相手は自分と同じことを語っていると信じ込んでいれば、滑稽な対話が生まれるのは間違いない。ベケットの戯曲『ゴドーを待ちながら』のどこか滑稽な味わいもまたこうして生まれるのだろう。

笑いはこのように、その場面を支えている枠組みの同一性と差異の戯れから生まれることが多い。同一性が笑いを生むことは、多くの人が語っている。パスカルは『パンセ』で、「二つの似かよった顔は、ひとつひとつのときはおかしくないが、いっしょにすると、その似ていることが笑いをひきおこす(1)」と語っている。

しかしまったく同じ顔の写真の二枚のコピーを見て、笑う人はいないだろう。同じものが二枚あると思うだけだからだ。違うところがあり、それでいて酷似しているところがあるから笑うのだ。同一性とともに差異が存在しなくては、笑いの源泉とならない。

それにこの二つの顔が笑いを誘うためには、ある枠組みが必要である。もしも警察で目撃者として多数の似た写真を見せられたならば、とても笑う余裕はないだろう。まったく違う枠組みのもとでは、同じ印象も笑いの源泉にはならないことが多いし、そもそも笑うための心のゆとりが欠けているだろう。「いないいないばあ」の笑いはこのように、同一性と差異と枠組みという人間の笑いの基本的なメカニズムをうまく示している。

第二節　ベルクソンの笑い

ベルクソンの三つの例

このような同一性と差異のゲームの理論を利用しているのがベルクソンの笑いの理論である。ベルクソンは笑いを分析した著作『笑い』で、人間の行為が機械的になったところで笑いをもたらすと主張する。「生けるものの上に貼りつけられた機械的なもの(2)」、それが笑いを引き起こすというのである。ベルクソンはその三つの例をあげる――びっくり箱、操り人形、雪だるまである。

びっくり箱というのは、映画などでよく見かけるので周知のものだろう。ベルクソンは「われわれはみな、小さいころ箱から飛び出す小鬼で遊んだものである。ぎゅうぎゅう押さえつければ、それだけぴょんと高く跳ね上がる。蓋の下にそれを押し潰すと、往々一切合切《いっさいがっさい》を跳ね飛ばす(3)」と書いている。

このおもちゃには、「いないいないばあ」の原理が活用されているのは明らかだろう。出てくるのはいつも同じ小鬼である。しかしこの小鬼はスプリング仕掛けで、押さえれば押さえるほどに高く跳ね返る。まるで生きているかのように、同じであるはずの小鬼が、前よりももっと元気になってふたたび現われるのである。そして子供が遊びたいとき、その条件をみたすときだけに現われる。同一性と差異のシステムによる笑いの三つの条件をすべて満たしているのである。

ベルクソンはこのおもちゃについてはとくに「反復」の要素を重視する。「すると、われわれが手にいれるのは、古典喜劇の常套的手段の一つである繰返しである(4)」。たしかにドタバタ喜劇でも、追いかけっこを繰り返して、笑いをとることが多い。あるいは同じ言葉を違うタイミングで繰り返して笑わせることもある。いずれにしても笑いの第一の条件である同一性の反復が、このおもちゃに組み込まれているのはたしかだ。

第二の例は操り人形である。自分では自力で動いているつもりでも、実は他者に操られて動いているマリオネットについては、ピノキオの物語をはじめとして、長い笑いの歴史があるが、ベルクソンが語るのは、人生において無意識のうちに定型を反復してしまう人の例である。誰もが自分は自由であると考えているし、自由に行動していると考えている。しかし無意識のうちに習慣というものの操り人形になっていることが暴露されると、そこで笑いが生まれるというのである。

ベルクソンは少し奇妙な例をあげる。かつて商船が難破して、数名の乗客がやっと救助されたことがあった。勇敢にもボートに乗って乗客を救助にかけつけたのは税関の役人たちだった。しかし彼らは乗客を助けると、まず「何も申告を要する物を携帯してはいませんね」[5]と尋ねたのである。この質問はその状況を考えてみれば、枠組みの違いによって笑いが生まれると思われる。救助の枠組みと税関での申告の枠組みというまったく異なる二つの枠組みが、同一の人物のうちで混同されて提示されるから、おかしみが生じているのだろう。しかしベルクソンはそうではなく、「社会の自動的な規則ずくめ[6]」から逃れることができない役人のちぐはぐさが笑いを引き起こすのだと考えるのである。

第三の例は、雪だるまである。これは大雪のあとで子供がつくって、街角で箒をもって立っている雪だるまではない。子供が小さな雪の球を作って、斜面でころがして大きくしていくのだ。そのうちに雪だるまは加速し、まるで生きているもののように、自分の力だけで斜面を転がり始める。そしてますます大きくなりながら、周囲のすべてのものをなぎ倒して転がりつづける。ここにあるのは最初は同一性の反復でありながら、その同一性が反復されることによって異質なものに変化してしまうことによるおかしさであり、最初は遊びの枠組みで行なわれていたことが、災害の枠組みに転換しまうことによるおかしさである。

ベルクソンはこの枠組みの転換について、「自己増幅を加えながら自分を伝えてゆくから、初めは取るに足りないが不可避的な進行によって、重大であるとともに意外な結果に到達する」[7]と説明している。このプロセスは初期のチャップリンなどのドタバタ喜劇の映画によくみられる笑いのメカニズムであろう。初めはちょっとしたいたずらだったものが、反復されるうちに途方もない結末をもたらす。初めの枠組みとはまったく違う状況が発生するために、そのきっかけを作ったいたずら者も途端に慌てだす。そこで観客の笑いはますます強められるのである。

ベルクソンが示したこれらのどの例も、同一性の反復、反復における差異の発生、反復が維持される間の同じ枠組みの維持と、それが拡大していった後の枠組みの転換といった「いないいないばあ」の笑いのメカニズムを展開したものとなっている。しかしベルクソンはこれらの笑いの機能を、このメカニズムに限定することはない。そしてこの理論に基づいて、社会のなかで生きる人間の生活の機械化というもっと深い意味を与えようとしているのである。

ベルクソンは人間が社会のうちで知らず知らずに機械的な生き方をしてしまっていることに批判の目を向ける。笑いが生まれるメカニズムよりも、むしろ人間の笑うべき生き方を明らかにすることをこそ、この著作『笑い』は目指しているのである。

第八章　自由と治療の手段としての笑い

第一節　ニーチェにおける笑う智恵

これまで近代の笑いの理論について五つの理論を考察してきたが、近代の笑いの理論の最後の第六の理論は、人間の自由を獲得するための批判的な笑いの理論である。人間を抑圧するものを批判する笑いによって、解放という効果が生みだされるのである。カントやマルクスのいう意味で、批判という営みが社会のうちでの抑圧を批判し、自由に生きるための場を確立することを目指すものであるならば、笑うことによってその主体が自由になり、心の病から癒されるのであれば、こうした笑いには批判的な要素が含まれていると考えることができるだろう。

こうした笑いの理論を代表する思想家はニーチェである。ニーチェの笑いについては第五章の「笑いの共同体の理論」の第四節で、批判的な笑いの共同体の形成という観点から考察してきた。この節では、さらにニーチェにとって笑いがいかに人間を自由にするものであるかという視点から考えてみよう。ニーチェにとって笑いは、社会のなかでの解放を実現するための手段であるとともに、伝統的な思考の枠組みのくびきから解放されることによって生まれる結果でもある。まず笑いは、自己への批判によって、社会の旧来の善悪の観念のくびきから解放されるために役立つ。『悦ばしき知識』の第一書は、こうした笑いへの称賛の言葉から始まる。

ニーチェは、人間たちを拘束している善と悪のカテゴリーは対立するもののように思われたとしても、どちらも人間の種の存続のためという目的にしたがって定義されていたのではないかと指摘する。善がそうであるように、「他人の不幸をたのしむ意地悪い悦びとか、掠奪欲とか支配欲、そのほか悪と呼ばれるあらゆる本能、それらは種族保存の驚くべき経済《エコノミー》の一部をなすものだ(1)」と喝破する。

ニーチェによると、このことに気づかせてくれるのが、笑う者なのである。道徳について、良心について、宗教について真面目な顔で語る人々、「良心の呵責と宗教戦争とのあの教師たち(2)」は、人間を生に固執させ、伝統的な善悪の概念のくびきへの隷従を強めるばかりである。真に求められるのは、こうした真面目な営みを心から嘲笑する笑う者なのだ。

必要なのは「個人としての諸君を全く完膚なきほどに嘲笑できる者[3]」であり、「諸君が蠅や蛙のような無限に惨めな存在だということを、それが真理だと思いこまされるぐらいしたたかに、諸君の胸に叩き込むことができるような者[4]」である。そしてこの者は「十全の真理からして笑うとすればそうも笑うだろうように自己自身を笑う[5]」者であるだろう。

このような笑う者が登場するとき、初めて「笑いが智恵と結ばれるであろう、そしておそらくそのときは〈悦ばしい知識〉だけが存在することとなるだろう[6]」。『悦ばしき知識』は、こうした笑いと結びついた知識を模索する書物である。「笑いにとってもなお未来というものが必要である[7]」からだ。

哄笑するツァラトゥストラ

それだからこそ、最後の人間を超える超人を予感させるツァラトゥストラは哄笑するのだ。「ツァラトゥストラは予言する。ツァラトゥストラは笑って予言する。がまんできない者ではない。絶対者ではない。縦に横に跳ぶことが大好き」な者なのだ[8]。

ツァラトゥストラは、この超人にいたる認識の過程において、大いなる笑いが不可欠であることを強調する。永遠回帰の思想を予感したツァラトゥストラは、道路に羊飼いが横たわっているのを幻視する。この羊飼いの喉には蛇が入り込んでいて、彼に噛みついている。

ツァラトゥストラは、「噛み切れ！」と叫ぶ。そして羊飼いはこの助言にしたがって蛇を食いちぎる。そして変身する。

「もう羊飼いではなかった、もう人間ではなかった。変身して、光に包まれていた。そして笑った。この地上でこれまでどんな人間も笑ったことのないような笑いだった[9]」。まだその笑いが訪れていないツァラトゥストラは、この笑いに憧れる。「その笑いへの憧れに、俺は蝕まれている。おお、どうやって俺は生きることに耐えるのだ！[10]」。

解放の帰結としての笑い

このように笑いは、ニーチェの哲学の核心のところにある。ここに描かれたような超人の認識、超人への認識のプロセスとしての笑いを別としても、ニーチェにとっては笑いは多くの場合、解放の帰結であり、幸福の現われである。ニーチェは無意味な笑いを称える。「無意味なことへのよろこび——いかにして人は無意味なことによろこびをもちうるのであるか？ つまりこの世で人が笑うかぎり、こうした場合があるのである。それどころか、幸福のあるところほとんどどこにでも無意味なことへのよろこびがある[11]」。

こうした無意味なものがよろこびをもたらすのは、すでに考察したように、それが人間を意味の体系の拘束から解放してくれるからであり、「われわれが通常われわれの仮借ない主人とみている必然的なもの・合目的的なもの・経験的なものの束縛から、一時的にわれわれを解放[12]」してくれるからである。この束縛から自由になったときの、空白の一瞬を笑いが満たす。このときの笑いは、カントやフロイトの笑いと重なるところがある。「期待されていたもの（それは通常不安がらせ、緊張させる）が害を与えずに発散されるとき、そのときわれわれは戯れ笑う[13]」のである。笑いは人を自由にし、自由は人を笑わせるのだ。

第二節　フランクルにおける心の武器としての笑い

強制収容所の笑い

この笑いと自由の深い結びつきを語っているのが、強制収容所への収容を体験したヴィクトル・フランクルである。『夜と霧』のなかで彼は、笑いが人々の精神を崩壊させないためにいかに貴重な武器となったかを強調している。強制収容所にはユーモアもあったと言ったならば驚かれるだろうと認めながら、フランクルは「ユーモアもまた自己維持のための闘いにおける心の武器である。周知のようにユーモアは通常の人間の生活におけるのと同じように、たとえ既述のごとく数秒でも、環境から距離をとり、それを上から眺める場所にみずからを置くのに役立つのである[14]」と指摘する。ユーモアは自己を含めた強制収容所というものの全体を批判的なまなざしで眺めるために役立つのである。

そして収容所の仲間の心が挫けないようにするために、仲間に「これから少なくとも一日に一つ愉快な話をみつけることをおたがいの義務にしよう[15]」と提案したのだった。想像できるように強制収容所の生活は、巨大な苦悩をもたらす。その苦悩は心を満たし、やがて心を壊してしまうだろう。それを避けるためには、この苦悩を相対化するまなざしをもつ必要があるのである。

ユーモアの意志をもつこと、それは「事物を何らかの形で機知のある視点でみようとすること[16]」であり、「あらゆる苦悩のある相対化を前提とする[17]」ことなのである。そしてこの視点に立つかぎり、「それ自身はきわめてささやかなことも最大のよろこびをもたらしうる[18]」のだという。笑っているかぎり、幸福と喜びを味わえているかぎり、どれほど苦悩に満たされた心でも、心が壊れることを防げるだろう。

笑いによる治療

フランクルにとってこの笑いの機能の認識は貴重なものだった。やがて彼は本職の精神医学者として、この笑いを治療に導入する。それがロゴテラピーである。この笑いの力によって「患者は神経症を客観化して自分をそこから引き離す[19]」ことを学ぶのである。そして「精神の反抗心を呼び起こすことができる」[20]ようになるのである。フランクルは断言する。「ユーモアほど患者を自分自身から引き離すものはない」[21]。

フランクルは「ユーモアは人間的実存的なものである」[22]とまで主張する。「患者は、不安を面と向かってみることを、いやそれを面と向かってあざ笑うことを学ばねばならない。そのためには笑うことへの勇気が必要である」[23]。そして心に笑いが忍び込んできたとき、「患者はもう賭けに勝ったのである」[24]。自己を含めた世界を笑いのめしながら「ユーモアをとおして患者はたやすく、自分の神経症の症状をどうにか皮肉り、最後には克服することをも学ぶのである」[25]。この治療の手段としての笑いの効果は、わたしたちがこの閉塞された世界のうちで勁く生き抜くために必須の手段である。わたしたちを圧し潰そうとするものの一切を笑い飛ばそうではないか。

注（邦訳の引用文には手を加えてあることが多い）

序章

（1）『古事記』岩波文庫、三七頁。
（2）同。

第一章

（1）アリストテレス『詩学』第四章、今道友信訳、『アリストテレス全集』第一二巻、岩波書店、二六頁。ただし訳者の今道は性的な要素を嫌い、ファリカではなく、ファウリカとなっているテクストを採用し、「下品な祭」と訳している。
（2）橋本隆夫「ギリシア喜劇のはじまり」『ギリシア喜劇全集』別巻、岩波書店、一一〇頁。
（3）アリストテレス『詩学』第三章、前掲書、二二頁。
（4）橋本隆夫「ギリシア喜劇のはじまり」、前掲書、一〇六頁。
（5）同。
（6）アリストファネス『雲』田中美知太郎訳、世界古典文学全集第一二巻『アリストパネス』筑摩書房、九八頁。

（7）同書、一一二頁。
（8）安村典子「ギリシア喜劇の上演形式」、前掲『ギリシア喜劇全集』別巻、一九一頁。
（9）同。
（10）アリストファネス『蜂』高津春繁訳、前掲、世界古典文学全集『アリストパネス』一三二頁。
（11）同『蛙』高津春彦訳、同書、三一九頁。
（12）同。
（13）同書、三二九頁。
（14）アリストファネス『アカルナイの人々』村川堅太郎訳、同書、二二頁。
（15）プラトン『エウテュプロン』山本光男訳、『プラトン全集』第一巻、角川書店、一三頁。
（16）同書、一九頁。
（17）プラトン『ソクラテスの弁明』山本光雄訳、前掲『プラトン全集』第一巻、五〇頁。
（18）ウラディミール・ジャンケレヴィッチ『イロニーの精神』久米博訳、ちくま学芸文庫、一一二頁。
（19）シェイクスピア『リチャード三世』大山俊一訳、『シェイクスピア全集』第五巻、筑摩書房、二七四頁。
（20）ディオゲネス・ラエルティオス『ギリシア哲学者列伝』中巻、加来彰俊訳、岩波文庫、一三六頁。
（21）同書、一四二頁。
（22）同書、一四四頁。
（23）同書、一九六頁。
（24）ルキアノス『メニッポス、あるいは冥界下り』。富田章夫「バルバロイ！」（http://web.kyoto-inet.

or.jp/people/tiakio/sophists/luci035.html）のサイトから。
(25) バフチン『ドストエフスキーの詩学』望月哲男・鈴木淳一訳、ちくま学芸文庫、二三二頁。
(26) ペトロニウス『サチュリコン』岩崎良三訳、『古代文学集』筑摩書房、二八二頁。
(27) バフチン、前掲書、二三四頁。
(28) 同。
(29) 同書、二三五頁。
(30) 同。
(31) 同書、二三六頁。
(32) ルキアノス「悲劇役者ゼウス」高津春彦訳、『古代文学集』筑摩書房、一五〇頁。
(33) バフチン、前掲書、二三七頁。
(34) 同。
(35) 同書、二三八頁。
(36) 同。
(37) 同書、二三九頁。
(38) 同。
(39) ペトロニウス『サチュリコン』前掲書、三〇五頁。
(40) バフチン、前掲書、二四〇頁。

第二章

（1）ラブレー、第一之書『ガルガンチュワ物語』渡辺一夫訳、岩波文庫、一八頁。
（2）同「読者に」、同書、一五頁。
（3）同。
（4）バフチン『フランソワ・ラブレーの作品と中世・ルネサンスの民衆文化』川端香男里訳、せりか書房、一一頁。
（5）同。
（6）ゲーテ『イタリア紀行』下巻、相良守峯訳、岩波文庫、一八一頁。
（7）同書、一八七頁。
（8）同書、一八一頁。
（9）同書、一八七頁。
（10）同書、一八八〜一八九頁。
（11）同書、一八九頁。
（12）同書、一九三頁。
（13）同書、二〇三頁。
（14）同書、二〇四頁。
（15）同。
（16）同書、二〇五頁。
（17）同。

(18)同。
(19)同。
(20)同。
(21)同書、二一七頁。
(22)同書、二一八頁。
(23)同。
(24)バフチン、前掲書、二一七頁。
(25)同書、二一八頁。

第三章

(1)バフチン『フランソワ・ラブレーの作品と中世・ルネサンスの民衆文化』川端香男里訳、せりか書房、六四頁。
(2)佐藤彰一・池上俊一『西ヨーロッパ世界の形成』中央公論社、一八九頁。
(3)バフチン、前掲書、六四頁。
(4)同。
(5)同。
(6)同。
(7)同書、九一頁。
(8)同。

(9) 同書、六四頁。
(10) 同。
(11) 同書、六五頁。
(12) 同書、一〇二頁。
(13) 同。
(14) 同。
(15) 同書、一〇三頁。
(16) 同。
(17) 同書、三五頁。
(18) 同書、三六頁。
(19) 同。
(20) 同書、一〇五頁。
(21) 同書、三九頁。
(22) 同書、六七頁。
(23) 同書、九一頁。
(24) ラブレー、第四之書『パンタグリュエル物語』渡辺一夫訳、岩波文庫、九八頁。
(25) 同。
(26) 同。
(27) 同書、一〇〇頁。

(28) 同。
(29) 同書、一〇二頁。
(30) バフチン、前掲書、一七五頁。
(31) 同書、一七六頁。
(32) ラブレー、第一之書『ガルガンチュワ物語』渡辺一夫訳、岩波文庫、三八頁。
(33) バフチン、前掲書、一九九頁。
(34) ラブレー『ガルガンチュワ物語』前掲書、三八頁。
(35) バフチン、前掲書、一九六頁。
(36) 同。
(37) ラブレー『ガルガンチュワ物語』前掲書、四五頁。
(38) 同書、五〇頁。
(39) 同。
(40) 同書、五二頁。
(41) 同書、五〇頁。
(42) バフチン、前掲書、二八七頁。
(43) 同。
(44) 同。
(45) 同書、三一一頁。
(46) 同。

(47) 同書、三一二〜三一三頁。
(48) セルバンテス『ドン・キホーテ』会田由訳、『筑摩世界文学体系』第一五巻、一九七二年、四一頁。
(49) 同、同書、八〇頁。
(50) 同書、八一頁。
(51) 同書、八二頁。
(52) 同。
(53) 同。
(54) 同。
(55) 同。
(56) 同。
(57) 同。
(58) 同書、二一一頁。
(59) 同書、二一四頁。
(60) 同。
(61) バフチン、前掲書、二一五頁。
(62) 同。
(63) ナボコフ『ナボコフのドン・キホーテ講義』行方昭夫・川島弘美訳、晶文社、六〇頁。
(64) 同書、六二頁。
(65) セルバンテス『ドン・キホーテ』前掲書、四二頁。

(66) バフチン、前掲書、二七頁。
(67) 牛島信明『反＝ドン・キホーテ論——セルバンテスの方法を求めて』弘文堂、二一一頁。
(68) 同。
(69) ショーペンハウアー『意志と表象としての世界』続編、『ショーペンハウアー全集』第五巻、斎藤忍随ほか訳、白水社、一七三頁。
(70) 同。
(71) 同書、一七二頁。
(72) 牛島、前掲書、二二〇頁。
(73) セルバンテス『ドン・キホーテ』前掲書、四一頁。
(74) 同書、一一七頁。
(75) 同。
(76) 同書、一二四頁。
(77) 同書、五四頁。
(78) 同書、五五頁。
(79) 同書、一五頁。
(80) 同書、一四二頁。
(81) 同書、六七五頁。
(82) フロイト「ユーモア」『ドストエフスキーと父親殺し／不気味なもの』中山元訳、光文社古典新訳文庫、二二〇頁。

(83) 同書、二二五頁。
(84) 同書、二二三頁。
(85) 同書、二二一頁。
(86) 同書、二三〇頁。
(87) 同書、二三一頁。
(88) 同書、二二二頁。
(89) 同書、二三一頁。
(90) フーコー『狂気の歴史』田村俶訳、新潮社、三〇頁。
(91) シェイクスピア『十二夜』小津二郎訳、『シェイクスピア全集』第二巻、筑摩書房、一三四頁。
(92) 同。
(93) 同。
(94) 同書、一三五頁。
(95) 同。
(96) 同。
(97) フーコー、前掲書、三〇頁。
(98) 同書、五五頁。
(99) シェイクスピア『リア王』斎藤勇訳、『シェイクスピア全集』第七巻、筑摩書房、一六八頁。
(100) 同。
(101) 同書、一七一頁。

(102)同、同書、一八〇頁。
(103)同。
(104)同。
(105)シェイクスピア『マクベス』小津次郎訳、『シェイクスピア全集』第七巻、筑摩書房、二四六頁。
(106)シェイクスピア『リア王』前掲書、一八〇頁。
(107)同。
(108)同。
(109)同。
(110)同。
(111)同。
(112)同書、一八一頁。
(113)同書、一八〇頁。
(114)同。
(115)同書、一八四頁。
(116)同書、一八〇頁。
(117)同。
(118)同書、一八五頁。
(119)同。
(120)同。

(121) 同書、一八一頁。
(122) 同。
(123) 同。
(124) 同書、一九四頁。
(125) 同書、二〇二頁。
(126) 同書、一六七頁。
(127) 同書、一七一頁。
(128) 同。
(129) 同書、一六八頁。
(130) フロイト「小箱選びのモチーフ」『ドストエフスキーの父親殺し/不気味なもの』中山元訳、光文社古典新訳文庫、一七頁。
(131) シェイクスピア『リア王』前掲書、一六九頁。
(132) 同書、一七七頁。
(133) 同書、一七八頁。
(134) 同。
(135) 同書、一八一頁。
(136) 同。
(137) 同書、一八二頁。
(138) 同。

(139) 同。
(140) 同書、一九四頁。
(141) 同書、一九五頁。
(142) 同。
(143) 同書、一八五頁。
(144) 同書、一九六頁。
(145) 同書、一九八〜一九九頁。
(146) 同書、一九九頁。
(147) 同書、一九六頁。
(148) 同書、一九九頁。
(149) 同書、二〇四頁。
(150) 同書、二〇六頁。
(151) 同書、二二一頁。
(152) 同。
(153) 同書、二二六頁。
(154) 同。
(155) 同。
(156) 同書、二三〇頁。
(157) 同。

(158)同書、一八二頁。
(159)同書、二三〇頁。
(160)セルバンテス『ドン・キホーテ』前掲書、六七五頁。
(161)シェイクスピア『リア王』前掲書、二三四頁。
(162)同書、二〇五頁。
(163)同書、二〇七頁。
(164)同。
(165)同書、二〇九頁。
(166)シェイクスピア『お気に召すまま』阿部知二訳、『シェイクスピア全集』第二巻、筑摩書房、八七頁。
(167)同書、一二二頁。
(168)フロイト『機知——その無意識との関係』生松敬三訳、『フロイト著作集』第四巻、人文書院、二三九頁。
(169)同。
(170)同。
(171)シェイクスピア『お気に召すまま』前掲書、一二〇頁。
(172)同。
(173)同書、一二一頁。
(174)同。
(175)同。

(176) 同。
(177) 同。
(178) シェイクスピア『空騒ぎ』小野協一訳、『シェイクスピア全集』第二巻、筑摩書房、八頁。
(179) 同書、九頁。
(180) 同書、八頁。
(181) 同書、九頁。
(182) 同。
(183) 同書、八頁。
(184) 同書、九頁。
(185) 同書、一〇頁。
(186) 同。
(187) 同書、一八頁。
(188) 同書、二〇頁。
(189) 同書、二一頁。
(190) 同。
(191) 同書、四一頁。
(192) 同書、一八頁。
(193) 同書、二〇頁。
(194) 同。

(195) 同書、三〇頁。
(196) 同書、三一頁。

第四章

(1) デカルト『情念論』花田圭介訳、『デカルト著作集』第三巻、白水社、一六七頁。
(2) 同書、一六六頁。
(3) ホッブズ『リヴァイアサン』水田洋訳、『リヴァイアサン』第一分冊、岩波文庫、三七頁。
(4) 同。
(5) デカルト『精神指導の規則』野田又夫訳、岩波文庫、八九頁。
(6) 同書、一七頁。
(7) フーコー『狂気の歴史』田村俶訳、新潮社、三〇頁。
(8) 同。
(9) 同書、四五頁。
(10) 同書、六五頁。
(11) デカルト『情念論』前掲書、一六八頁。
(12) 同書、一七〇頁。
(13) 同書、一七九頁。
(14) 同書、一八四頁。
(15) 同書、一八五頁。

(16) 同書、一九九頁。
(17) 同書、二二七頁。
(18) 同書、二二八頁。
(19) ホッブズ『リヴァイアサン』前掲書、三七頁。
(20) 同書、九五頁。
(21) 同書、一〇五頁。
(22) 同。
(23) 同。
(24) プラトン『ピレボス』戸塚七郎訳、『プラトン全集』第三巻、角川書店、一〇五頁。
(25) 同書、一〇四頁。
(26) ボードレール「笑いの本質について」阿部良雄訳、『ボードレール全集』第四巻、人文書院、一一二頁。
(27) 同書、一一三頁。
(28) 同。
(29) 同。
(30) 同。
(31) 同書、一一六頁。
(32) 同書、一一七頁。
(33) 同。

（34）同。
（35）同。
（36）同書、一一九頁。

第五章

（1）スピノザ『エチカ』畠中尚志訳、岩波文庫、上巻、一七七頁。
（2）同書、一八〇頁。
（3）同書、一八三頁。
（4）同書、一八九頁。
（5）同書、一八九頁。
（6）同書、一九八頁。
（7）同書、二〇八頁。
（8）同書、下巻、四六頁。
（9）同書、五三頁。
（10）同書、五七～五八頁。
（11）同書、九二頁。
（12）同書、九三頁。
（13）同書、一三七頁。
（14）カント『判断力批判』篠田英雄訳、岩波文庫、上巻、九六頁。

(15) 同書、九七頁。
(16) 同書、二九九頁。
(17) 同。
(18) 同書、三〇五頁。
(19) カント『人間学』山下太郎・坂部恵訳、『カント全集』第一四巻、理想社、二三六頁。
(20) 同。
(21) カント「人間学遺稿」、前掲『カント全集』第一四巻、四四〇頁。
(22) フロイト『日常生活の精神病理学』池見酉次郎・高橋義孝訳、『フロイト著作集』第四巻、人文書院、五四頁。
(23) 同。
(24) 同書、二五四頁。
(25) 同書、三四五頁。
(26) 同書、三六八頁。
(27) 同。
(28) 同書、三六六頁。
(29) 同。
(30) 同書、三五三頁。
(31) ニーチェ『人間的な、あまりに人間的な』浅井真男訳、『ニーチェ全集』第一期第六巻、白水社、四一七頁。

(32) 同書、三六八頁。
(33) ニーチェ『ツァラトゥストラ』丘沢静也訳、光文社古典新訳文庫、下巻、三一〇頁。
(34) 同書、三一四〜三一五頁。
(35) 同書、三一五頁。
(36) バタイユ『呪われた部分　有用性の限界』中山元訳、ちくま学芸文庫、二〇〇〇頁。
(37) 同書、二〇三頁。
(38) 同書、二六八頁。

第六章

(1) ハーバート・スペンサー「笑いの生理学」中嶋三恵訳 (http://www.lian.com/HIRANO/2000/nakajima/index.html)。原文は http://www.lian.com/HIRANO/academia/laughter.htm で読める。
(2) カント『判断力批判』篠田英雄訳、岩波文庫、上巻、三〇一頁。
(3) 同書、三〇三頁。
(4) 同書、三〇一頁。
(5) 同。
(6) 同。
(7) 同。
(8) カント『人間学』山下太郎・坂部恵訳、『カント全集』第一四巻、理想社、二二三頁。
(9) フロイト『機知——その無意識との関係』生松敬三、『フロイト全集』第四巻、人文書院、三五〇頁。

(10)同。
(11)同書、三五二頁。
(12)同。
(13)同書、三五一頁。
(14)同書、三五七頁。

第七章

(1)パスカル『パンセ』由木康訳、白水社、六三頁。
(2)ベルクソン『笑い』林達夫訳、岩波文庫、四二頁。
(3)同書、六九頁。
(4)同書、七一頁。
(5)同書、五〇頁。
(6)同。
(7)同書、七九頁。

第八章

(1)ニーチェ『悦ばしき知識』信太正三訳、ちくま学芸文庫、五五頁。
(2)同書、五七頁。
(3)同書、五六頁。

（4）同。
（5）同。
（6）同書、五六～五七頁。
（7）同書、五六頁。
（8）ニーチェ『ツァラトゥストラ』丘沢静也訳、光文社古典新訳文庫、下巻、三一九頁。
（9）同書、二八頁。
（10）同書、二八～二九頁。
（11）ニーチェ『人間的、あまりに人間的I』池尾健一訳、ちくま学芸文庫、二二五頁。
（12）同。
（13）同。
（14）フランクル『夜と霧――ドイツ強制収容所の体験記録』霜山徳爾訳、みすず書房、一三一～一三二頁。
（15）同書、一三三頁。
（16）同。
（17）同。
（18）同。
（19）フランクル『神経症――その理論と治療1』宮本忠雄・小田晋訳、みすず書房、一五七頁。
（20）同。
（21）同書、一五八頁。

(22) 同。
(23) 同。
(24) 同書、一六一頁。
(25) 同書、一六二頁。

あとがき

笑いという行為について考えるのは、思ったよりも手強い。わたしたちは毎日のように、さまざまな笑いを笑っている。親しい相手にほほ笑みかけ、おかしな話を聞いて笑い転げ、一人になってから思い出し笑いをしたりする。心のうちでほくそ笑むのも、笑いの一つだろう。かつてアリストテレスが語ったように、笑いという行為は人間的なものである。猫や犬などのペットも笑うようにみえるが、親しみの気持ちや悪意など、複雑な意味を込めた笑いは、いかにも人間らしい行為と言えるだろう。

こうした笑いは多くの場合、無意識のうちに行なわれるものであり、意識的に笑う場合は、作り笑いと言われて、非難されたりすることもある。そして無意識のうちに笑ったことが、周囲の他者にどのように理解されるかは、笑った本人にはコントロールできないことも多い。悪気のない笑いを、相手に聞こえないように笑ったことで、相手を傷つけ、恨まれることもある。ひとは正面から咎められるよりも、笑われたほうが傷つくことも多い。ある人を除け者にするために笑いが使われることもある。しかしわたしたちは他者とともに笑うことで自由になり、抑圧に抵抗することもできるのである。

笑いはこのように複雑で玄妙な現象であるだけに、哲学の分野では取り上げられることが少ない。しかし理性の枠組みを逸脱し、超越する笑いという現象は、わたしたちの生き方の深いところに根差すものである。本書では古代から現代にいたるまで、笑いの現象について哲学と文学の分野でどのように考えられてきたかについて考察した。時代によって、笑いについての受け取り方が変わるために、笑いについての考察も、時代的な刻印をおびたものとなっているのである。

この書物では笑いという現象について、人々がどのように取り組んできたかという歴史的な経緯をたどりながら、笑いのさまざまな働きについて考察した。本書の刊行にあたってはいつものように、最初から最後まで渦岡謙一さんにお世話になった。心からの感謝を申し上げたい。

二〇二一年六月

中山　元

た　行

な　行

さ　行

索　引

あ　行

か　行

著者紹介

中山 元（なかやま　げん）
1949年生まれ。東京大学教養学部中退。哲学者、翻訳家。
主著：『ハンナ・アレント〈世界への愛〉』『思考のトポス』『フーコー 思想の考古学』（以上、新曜社）、『はじめて読むフーコー』（洋泉社）、『フーコー入門』『思考の用語事典』『賢者と羊飼い』（以上、筑摩書房）、『フーコー 生権力と統治性』（河出書房新社）など。
翻訳：アレント『責任と判断』、フーコー『真理とディスクール』（以上、筑摩書房）、バタイユ『呪われた部分　有用性の限界』、デリダ『パピエ・マシン』（以上、ちくま学芸文庫）、カント『純粋理性批判』『判断力批判』、ニーチェ『道徳の系譜学』、ハイデガー『存在と時間』（以上、光文社古典新訳文庫）など多数。

新曜社

わたしたちはなぜ笑うのか
笑いの哲学史

初版第1刷発行　2021年8月12日

著　者　中山　元
発行者　塩浦　暲
発行所　株式会社　新曜社
〒101-0051　東京都千代田区神田神保町3-9
電話（03）3264-4973㈹・Fax（03）3239-2958
E-mail：info@shin-yo-sha.co.jp
URL：https://www.shin-yo-sha.co.jp/
印　刷　メデューム
製　本　積信堂

ISBN978-4-7885-1735-6　C1010